HISTOIRE

DE MA VIE.

PARIS, TYPOGRAPHIE DE HENRI PLON,

RUE GARANCIÈRE, 8.

HISTOIRE
DE MA VIE

PAR

GEORGE SAND.

Charité envers les autres;
Dignité envers soi-même;
Sincérité devant Dieu.

Telle est l'épigraphe du livre que j'entreprends.

15 *avril* 1847.

GEORGE SAND.

TOME DIX-NEUVIÈME.

PARIS

VICTOR LECOU, ÉDITEUR,

RUE DU BOULOI, 10.

1855

CINQUIÈME PARTIE.
(SUITE.)

CHAPITRE SEPTIÈME.
(Suite.)

Personnalité de la jeunesse. — Détachement de l'âge mûr. — L'orgueil religieux. — Mon ignorance me désole encore. — Si je pouvais me reposer et m'instruire ! — J'aime, donc je crois. — L'orgueil catholique, l'humilité chrétienne. — Encore Leibnitz. — Pourquoi mes livres ont des endroits ennuyeux. — Horizon nouveau. — Allées et venues. — Solange et Maurice. — Planet. — Projets de départ et de dispositions testamentaires. — M. de Persigny. — Michel (de Bourges).

Je vivais trop en moi-même, par moi-même et pour moi-même. Je ne me savais pas égoïste, je ne croyais pas l'être, et si je ne l'étais pas dans le sens étroit, avare et poltron du mot, je l'étais dans mes idées, dans ma philosophie. Cela

1.

est bien visible dans les *Lettres d'un
voyageur*. On y sent la personnalité
ardente de la jeunesse, inquiète,
tenace, ombrageuse, *orgueilleuse* en
un mot.

Oui, orgueilleuse, je l'étais, et je
le fus encore longtemps après. J'eus
raison de l'être en bien des occasions, car cette estime de moi-
même n'était pas de la vanité. J'ai
quelque bon sens, et la vanité est
une folie qui me fait toujours peur
à voir. Ce n'était pas moi-même, à
l'état de personne, que je voulais
aimer et respecter. C'était moi-
même à l'état de créature humaine,
c'est-à-dire d'œuvre divine, pareille
aux autres, mais ne voulant pas me

laisser moralement détériorer par ceux qui niaient et raillaient leur propre divinité.

Cet orgueil-là, je l'ai encore. Je ne veux pas qu'on me conseille et qu'on me persuade ce que je crois être mauvais et indigne de la dignité humaine. Je résiste avec une obstination qui n'est que dans ma croyance, car mon caractère n'a aucune énergie. Donc la croyance est bonne à quelque chose. Elle remédie parfois à ce qui manque à l'organisation.

Mais il y a un fol orgueil que l'on nourrit au dedans de soi-même et qui s'exhale de l'homme à Dieu.

A mesure que nous nous sentons devenir plus intelligents, nous nous croyons plus près de lui, ce qui est vrai, mais vrai d'une manière si relative à notre misère, que notre ambition ne s'en contente pas. Nous voulons comprendre Dieu, et nous lui demandons ses secrets avec assurance. Dès que les croyances aveugles des religions enseignées ne nous suffisent plus et que nous voulons arriver à la foi par les propres forces de notre entendement, ce qui est, je le soutiens, de droit et de devoir, nous allons trop vite. Nous autres Français surtout, ardents et pressés à l'attaque du ciel comme à celle d'une redoute, nous ne savons pas planer lente-

ment et monter peu à peu sur les
ailes d'une philosophie patiente et
d'une lente étude. Nous demandons
la grâce sans humilité, c'est-à-dire
la lumière, la sérénité, une certitude que rien ne trouble; et
quand notre faiblesse rencontre
dans le moindre raisonnement des
obstacles imprévus, nous voilà ir-
rités et comme désespérés.

Ceci est l'histoire de ma vie,
ma véritable histoire. Tout le
reste n'en a été que l'accident et
l'apparence. Une femme très-supé-
rieure dont je parlerai plus tard[1]
m'écrivait dernièrement, en me

---

[1] Madame Hortense Allart.

parlant de Sainte-Beuve : « *Il a toujours été tourmenté des choses divines.* »
Le mot est beau et bon, et m'a
résumé mon propre tourment. Hélas! oui, c'est un calvaire que cette
recherche de la vérité abstraite;
mais ç'a été un moindre tourment
pour Sainte-Beuve que pour moi,
j'en réponds; car il était savant, et
je n'ai jamais pu l'être, n'ayant ni
temps, ni mémoire, ni facilité à
comprendre la manière des autres.
Or cette science des œuvres humaines n'est pas la lumière divine,
elle n'en reçoit que de fugitifs reflets; mais elle est un fil conduc-
teur qui m'a manqué et qui me
manquera tant que, forcée à vivre
de mon travail de chaque jour, je

ne pourrai consacrer au moins
quelques années à la réflexion et à
la lecture.

Cela ne m'arrivera pas : je mour-
rai dans le nuage épais qui m'en-
veloppe et m'oppresse. Je ne l'ai
déchiré que par moments; et, dans
des heures d'inspiration plus que
d'étude, j'ai aperçu l'idéal divin
comme les astronomes aperçoivent
le corps du soleil à travers les flui-
des embrasés qui le voilent de leur
action impétueuse et qui ne s'écar-
tent que pour se resserrer de nouveau. Mais c'est assez peut-être, non
pour la vérité générale, mais pour
la vérité à mon usage, pour le
contentement de mon pauvre cœur;

c'est assez pour que j'aime ce Dieu
que je sens là, derrière les éblouis-
sements de l'inconnu, et pour que
je jette au hasard dans son infini
mystérieux l'aspiration à l'infini
qu'il a mise en moi et qui est une
émanation de lui-même. Quelle que
soit la route de ma pensée, clair-
voyance, raison, poésie ou sentiment, elle arrivera bien à lui, et
ma pensée parlant à ma pensée
est encore avec quelque chose de
lui.

Que vous dirai-je, cœurs amis
qui m'interrogez? J'aime, donc je
crois. Je sens que j'aime Dieu de
cet *amour désintéressé* que Leibnitz
nous dit être le seul vrai et qui

ne se peut assouvir sur la terre,
puisque nous aimons les êtres de
notre choix par besoin d'être heureux, et nos semblables comme
nous aimons nos enfants, par besoin de les rendre heureux, ce qui
est au fond la même chose, leur
bonheur étant nécessaire au nôtre.
Je sens que mes douleurs et mes
fatigues ne peuvent altérer l'ordre
immuable, la sérénité de l'auteur
de toutes choses; je sens qu'il n'agit
pas pour m'en retirer en modifiant
les événements extérieurs autour de
moi; mais je sens que quand j'a-
néantis en moi la personnalité qui
aspire aux joies terrestres, la joie
céleste me pénètre, et que la con-
fiance absolue, délicieuse, inonde

mon cœur d'un bien-être impossible à décrire. Comment ferais-je
donc pour ne pas croire, puisque
je sens?

Mais je n'ai véritablement senti
ces joies secrètes qu'à deux époques
de ma vie, dans l'adolescence, à
travers le prisme de la foi catholique, et dans l'âge mûr, sous l'influence d'un détachement sincère
de ma personnalité devant Dieu. —
Ce qui ne m'empêche pas, je le
déclare, de chercher sans cesse à
le comprendre, mais ce qui me pré-
serve de le nier aux heures où je
ne le comprends pas.

Quoique mon être ait subi des

modifications et passé par des phases d'action et de réaction, comme
tous les êtres pensants, il est au
fond toujours le même : besoin de
croire, soif de connaître, plaisir
d'aimer.

Les catholiques, et j'en ai connu
de très-sincères, m'ont crié que,
dans ces trois termes, il y en avait
un qui tuerait les deux autres. La
soif de connaître est, suivant eux,
l'ennemi et le destructeur impi-
toyable du besoin de croire et du
plaisir d'aimer.

Ils ont quelquefois raison, ces
bons catholiques. Dès qu'on ouvre
la porte aux curiosités de l'esprit,

les joies du cœur sont amèrement
troublées et risquent d'être emportées pour longtemps dans la tourmente. Mais je dirai encore là que
la soif de connaître est inhérente
à l'intelligence humaine, que c'est
une faculté divine qui nous est donnée, et que refuser à cette faculté
son exercice, s'efforcer de la dé-
truire en nous, c'est transgresser
une loi divine. Il en est de ces
croyants naïfs qui ne sentent pas
les tressaillements de leur intelligence et qui aiment Dieu avec leur
cœur seulement, comme de ces
amants qui n'aiment qu'avec leurs
sens. Ils ne connaissent qu'un amour
incomplet. Ils ne sont pas encore à
l'état d'hommes parfaits. Ignorant

leur infirmité, ils ne sont pas coupables; mais ils le deviennent dès
qu'ils la sentent ou la devinent,
s'ils s'opiniâtrent dans leur impuissance.

Les catholiques appelleront encore ce que je dis là les suggestions
du démon de l'orgueil. Je leur ré-
pondrai : « Oui, il y a un démon
de l'orgueil; je consens à parler
votre langue poétique. Il est en
vous et en moi. En vous, pour vous
persuader que votre sentiment est
si grand et si beau que Dieu l'accepte sans se soucier du culte de
votre raison. Vous êtes des pares-
seux qui ne voulez pas souffrir en
risquant de rencontrer le doute

dans une recherche approfondie, et
vous avez la vanité de croire que
Dieu vous dispense de souffrir,
pourvu que vous l'adoriez comme
un fétiche. C'est trop d'estime de
vous-mêmes. Dieu voudrait davantage, et cependant vous êtes con-
tents de vous.

«Le démon de l'orgueil! Il est en
moi aussi chaque fois que je m'ir-
rite contre les souffrances que j'ai
acceptées en sortant du facile aveu-
glement des *mystères*. Il a été en
moi surtout au commencement de
cette recherche, et il m'a rendue
sceptique pendant quelques années
de ma vie. Il était né chez vous,
mon démon d'orgueil; il me venait

de l'enseignement catholique; il mé-
prisait ma raison au moment où je
voulais en faire usage; il me disait : Ton cœur seul vaut quelque
chose, pourquoi l'as-tu laissé lan-
guir? Et ainsi émoussant l'arme
dont j'avais besoin, chaque fois que
j'y portais la main, il me rejetait
dans le vague et voulait me persuader de ne croire qu'à mon sentiment.

« Ainsi, ceux que vous appelez des
esprits forts, ô catholiques, ne sont
pas toujours assez fiers de leur raison, tandis que vous autres, vous
êtes à toute heure excessivement
orgueilleux de votre sentiment. »

Mais le sentiment sans raison fait le mal aussi aisément que le bien. Le sentiment sans raison est exigeant, impérieux, égoïste. C'est par le sentiment sans raison qu'à quinze ans je reprochais à Dieu, avec une sorte de colère impie, les heures de fatigue et de langueur où il semblait me retirer sa grâce. C'est encore par le sentiment sans raison qu'à trente ans je voulais mourir, disant : Dieu ne m'aime pas et ne se soucie pas de moi, puisqu'il me laisse faible, ignorante et malheureuse sur la terre.

Je suis encore ignorante et faible; mais je ne suis plus malheureuse, parce que je suis moins orgueilleuse qu'alors. J'ai reconnu que j'étais peu de chose : raison, sentiment, instinct réunis, cela fait encore un être si fini et une action si bornée, qu'il faut en revenir à l'humilité chrétienne jusqu'à ce point de dire : « Je sens vivement, je comprends fort peu et j'aime beaucoup. » Mais il faut quitter l'orthodoxie catholique quand elle dit : Je prétends sentir et aimer sans rien comprendre. Cela est possible, je n'en doute pas, mais cela ne suffit pas à accomplir la volonté de Dieu, qui veut que l'homme comprenne autant qu'il lui est donné de comprendre.

En résumé, s'efforcer d'aimer

2.

Dieu en le comprenant, et s'efforcer
de le comprendre en l'aimant; s'efforcer de croire ce que l'on ne
comprend pas, mais s'efforcer de
comprendre pour mieux croire,
voilà tout Leibnitz, et Leibnitz est
le plus grand théologien des siècles
de lumière. Je ne l'ai jamais ouvert, depuis dix ans, sans trouver,
dans celles de ses pages où il se
met à la portée de tous, la règle
saine de l'esprit humain, celle que
je me sens de plus en plus ca-
pable de suivre.

Je demande bien pardon de ce
chapitre à ceux qui ne se sont
jamais *tourmentés des choses divines.*
C'est, je crois, le grand nombre;

mon insistance sur les idées reli-
gieuses ennuiera donc beaucoup de
personnes; mais je crois les avoir
déjà assez ennuyées, depuis le commencement de cet ouvrage, pour
qu'elles en aient, depuis longtemps,
abandonné la lecture.

Ce qui, du reste, m'a mise à
l'aise toute ma vie en écrivant des
livres, c'est la conscience du peu
de popularité qu'ils devaient avoir.
Par popularité, je n'entends pas
qu'ils dussent, par leur nature, rester dans la région aristocratique
des intelligences. Ils ont été mieux
lus et mieux compris par ceux des
hommes du peuple qui portent le
sentiment de l'idéal dans leur aspi-

ration, que par beaucoup d'artistes
qui ne se soucient que du monde
positif. Mais, soit dans le peuple,
soit dans l'aristocratie, je n'ai dû
contenter, à coup sûr, que le très-
petit nombre. Mes éditeurs s'en
sont plaints. « Pour Dieu, m'écrivait
souvent Buloz, pas tant de mysticisme! » Ce bon Buloz me faisait
l'honneur de voir du mysticisme
dans mes préoccupations! Au reste
tout son monde de lecteurs pensait
comme lui que je devenais de
plus en plus ennuyeuse, et que je
sortais du domaine de l'art, en
communiquant à mes personnages
la contention dominante de mon
propre cerveau. C'est bien possible,
mais je ne vois pas trop comment

j'eusse pu faire pour ne pas écrire
avec le propre sang de mon cœur
et la propre flamme de ma pensée.

On s'est souvent moqué de moi
autour de moi. Je ne demandais
pas mieux. Qu'importe? J'aime à
rire aussi à mes heures, et il n'est
rien qui repose l'âme tendue vers
le spectacle des choses abstraites
comme de se moquer de soi-même
dans l'entr'acte. J'ai vécu plus souvent avec les personnes gaies
qu'avec les personnes graves, depuis
mon âge mûr surtout, et j'aime
les caractères artistes, les intelligences d'instinct. Leur commerce
habituel est beaucoup plus doux
que celui des penseurs obstinés.

Quand on est, comme moi, moitié *mystique* (j'accepte le mot de Buloz), moitié artiste, on n'est pas de force à vivre avec les apôtres du raisonnement pur, sans risquer d'y devenir fou; mais aussi, après des jours passés dans le délicieux oubli des choses dogmatiques, on a besoin d'une heure pour les écouter ou pour les lire.

Voilà pourquoi j'ai fait fatalement des romans dont une partie plaît aux uns et déplaît aux autres; voilà surtout ce qui, en dehors de toute influence des chagrins positifs, explique la tristesse et la gaieté des *Lettres d'un voyageur.*

J'approche du moment où ma vue s'ouvrit sur une perspective nouvelle, la politique. J'y fus conduite comme je pouvais l'être, par une influence du sentiment. C'est donc une histoire de sentiment, c'est trois ans de ma vie que j'ai à raconter.

Revenue à Nohant en septembre, retournée à Paris à la fin des vacances avec mes enfants, je revins encore, en janvier 1835, passer quelques jours sous mon toit. C'est là que j'écrivis le second numéro des *Lettres d'un voyageur* dans une disposition un peu moins sombre, mais encore très-triste. Enfin, je passai février et mars à

Paris, et en avril j'étais de nouveau à Nohant.

Ces allées et ces venues me fati-
guaient le corps et l'âme. Je n'étais
bien nulle part. Il y avait pourtant du bon dans mon âme, ces
lettres désolées me le prouvent bien
aujourd'hui; mais, tout en me dé-
battant pour retourner aux douceurs de ma vie de Nohant, j'y
trouvais de tels ennuis, et, d'autre
part, mon cœur était si troublé, si
déchiré par des chagrins secrets,
que j'éprouvai tout à coup le besoin de m'en aller. Où? je n'en
savais rien, je ne voulais pas le
savoir. Il me fallait aller loin, le
plus loin possible, me faire oublier

en oubliant moi-même. Je me sentais malade, mortellement malade.
Je n'avais plus du tout de sommeil,
et, par moments, il me semblait
que ma raison était prête à me
quitter. Je m'étais fait un riant
espoir d'avoir ma fille avec moi;
mais je dus renoncer, pour le moment, au plaisir de l'élever moi-
même. C'était une nature toute
différente de celle de son frère,
s'ennuyant de ma vie sédentaire
autant que Maurice s'y complaisait,
et sentant déjà le besoin d'une suite
de distractions appropriées à son
âge et nécessaire à l'énergie alors
très-prononcée de son organisation.
Je la menais à Nohant pour la se-
couer et la développer sans crise;

mais quand il fallait revenir à la
mansarde et ne plus avoir une
demi-douzaine d'enfants villageois
pour compagnons de ses jeux éche-
velés, sa vigueur physique com-
primée se tournait en révolte ouverte. C'était une enfant terrible si
drôle, que mes amis la gâtaient
affreusement, et moi-même, incapable d'une sévérité soutenue,
vaincue par une tendresse aveugle
pour le premier âge, je ne savais
pas, je ne pouvais pas la dominer.

J'espérai qu'elle serait plus calme
et plus heureuse avec d'autres enfants, et dans des conditions où la
discipline subie en commun paraît
moins dure aux natures indépen-

dantes. J'essayai de la mettre en pension dans une de ces charmantes petites maisons d'éducation du quartier Beaujon, au milieu de ces tranquilles et riants jardins qui semblent destinés à n'être peuplés que de belles petites filles. Mesdemoiselles Martin étaient deux bonnes sœurs anglaises vraiment maternelles pour leurs jeunes élèves. Ces élèves n'étaient que huit, condition excellente pour qu'elles fussent choyées et surveillées avec soin.

Ma grosse fille se trouva fort bien de ce nouveau régime. Elle commença à s'effiler et à se civiliser avec ses compagnes. Mais elle resta longtemps sauvage avec les

personnes du dehors, avec mes
amis surtout, qui se plaisaient trop
à se faire ses esclaves. Elle avait
une manière d'être si originale et
si comique avec eux, que la fine
mouche, voyant bien qu'en les faisant rire elle les désarmait, s'en
donnait à cœur joie. Emmanuel
Arago surtout, ce bon frère aîné,
qu'elle traitait encore plus leste-
ment que Maurice, et qui était encore assez enfant lui-même pour
s'en divertir, fut sa victime de pré-
dilection. Un jour qu'elle s'était
montrée fort aimable avec lui, jusqu'à le reconduire à la porte du
jardin de la pension, « Solange,
lui dit-il, qu'est-ce que tu veux que
je t'apporte quand je reviendrai? —

Rien, lui dit-elle, mais tu peux me faire un grand plaisir si tu m'aimes bien. — Lequel, dis? — Eh bien, mon garçon, c'est de ne jamais revenir me voir. »

Une autre fois qu'elle était chez moi, un peu malade, et que le médecin avait recommandé de la faire promener, elle partit de bonne grâce, en fiacre, avec Emmanuel, pour le jardin du Luxembourg; mais, chemin faisant, il lui prit fantaisie de déclarer qu'elle ne voulait pas se promener à pied. Emmanuel, à qui j'avais recommandé d'être inflexible, tint bon, et lui déclara, de son côté, que ce n'était pas la coutume de se pro-

mener en fiacre dans le jardin du
Luxembourg, et qu'elle y marche-
rait sur ess pieds bon gré, mal gré.
Elle parut se soumettre, mais arrivée à la grille, quand il la prit
dans ses bras pour la faire descendre, il s'aperçut qu'elle était sans
souliers. Elle les avait adroitement
détachés et jetés dans la rue avant
d'arriver. « A présent, lui dit-elle,
vois si tu veux me faire marcher
pieds nus. »

Souvent, quand j'étais dehors
avec elle, il lui passait par l'esprit de s'arrêter court et de ne
vouloir ni marcher ni monter en
voiture, ce qui ameutait les pas-
sants autour de nous. Elle avait

sept ou huit ans, qu'elle me faisait encore de ces tours-là, et qu'il
me fallait la porter malgré elle
du bas de l'escalier à la mansarde,
ce qui n'était pas une petite affaire.
Et le pire, c'est que ces humeurs
bizarres n'avaient aucune cause que
je pusse prévoir d'avance et devi-
ner ensuite. Elle-même ne s'en
rend pas compte aujourd'hui; c'é-
tait comme une impossibilité naturelle de se plier à l'impulsion
d'autrui, et je ne pouvais pas m'ha-
bituer à briser par la rigueur cette
incompréhensible résistance.

Je me décidai donc à me séparer d'elle pour quelque temps; mais
quoiqu'il me fût bientôt prouvé

XIX.   3

qu'elle acceptait plus volontiers la
règle générale que la règle particulière, et qu'elle était heureuse en
pension, ce fut pour moi un profond chagrin de voir que son bonheur d'enfant ne lui venait pas de
moi. J'en fus d'autant plus dispo-
sée, malgré mes belles résolutions,
à la gâter par la suite.

De son côté, Maurice faisait tout
le contraire. Il ne voulait et ne
savait vivre qu'avec moi. Ma mansarde était le paradis de ses rêves.
Aussi, quand il fallait se séparer le
soir, c'était des larmes à recom-
mencer, et je ne me sentais pas
plus de courage que lui.

Mes amis blâmaient ma faiblesse
pour mes pauvres enfants, et je
sentais bien qu'elle était extrême.
Je ne l'entretenais pas à plaisir,
car elle me déchirait l'âme. Mais
que faire pour la vaincre? J'étais
opprimée et torturée par mes entrailles comme je l'étais d'ailleurs
par mon cœur et mon cerveau.

Planet me conseilla de prendre
une grande résolution, et de quitter
la France au moins pour an. « Votre
séjour à Venise a été bon pour
vos enfants, me disait-il : Maurice
n'a travaillé et ne travaillera au
collége qu'en vous sentant loin de
lui. Il est encore faible. Solange, trop
forte, subit une crise de dévelop-

3.

pement physique dont vous vous
tourmentez trop. En vous faisant
sa' victime, elle s'habitue à vous
voir souffrir, et cela ne vaut rien
pour elle. Vous n'avez pas de bonheur, cela est certain; votre intérieur à Nohant n'est possible qu'à
la condition d'y être comme en
visite. Votre mari est aigri maintenant par votre présence, et le
temps approche où il en sera
irrité. Vous vous affectez de vos
chagrins extérieurs jusqu'à vous en
créer d'imaginaires. Vos écrits
prouvent que vous vous tournez
contre vous-même, et que vous vous
en prenez à votre propre organisation, à votre propre destinée, d'une
rencontre de circonstances fâcheu-

ses, il est vrai, mais non pas tellement exceptionnelles que votre
volonté ne puisse les surmonter ou
les faire fléchir. Un moment vien-
dra où vous le pourrez; mais auparavant il vous faut recouvrer la
santé morale et physique que vous
êtes en train de perdre. Il faut
vous éloigner du spectacle et des
causes de vos souffrances. Il faut
sortir de ce cercle d'ennuis et de
déboires. Allez-vous-en faire de la
poésie dans quelque beau pays où
vous ne connaîtrez personne. Vous
aimez la solitude, vous en serez
toujours privée ici : ne vous flattez
pas de vivre en ermite dans votre
mansarde. On vous y assiégera toujours. La solitude est mauvaise à la

longue; mais, par moments, elle
est nécessaire. Vous êtes dans un
de ces moments-là. Obéissez à l'instinct qui vous y pousse; fuyez! Je
vous connais, vous n'aurez pas
plutôt rêvé seule quelques jours que
vous reviendrez croyante, et quand
vous en serez là, je réponds de
vous. »

Planet a toujours été pour ses
amis un excellent médecin moral,
persuasif par l'attention avec laquelle
il pesait ses conseils et celle qu'il
portait à comprendre votre véritable
situation. Beaucoup d'amis ont le
tort de vous juger d'après eux-
mêmes, de vous apporter une opinion toute faite, que ne modifie

aucune objection de votre part, et
qui vous fait sentir que vous n'êtes
pas compris. Planet, ingénieux dans
l'art de consoler, interrogeait mi-
nutieusement, n'avait pas de parti
pris, tant qu'il n'avait pas réussi à
se figurer qu'il était vous-même, et
alors il se prononçait avec une
grande décision et une grande netteté. Pour les gens qui ne le connaissaient que superficiellement,
Planet était un type de simplicité
et même de niaiserie; mais il
avait, pour nous autres, le génie
du cœur et de la volonté. Il
n'est aucun de nous, je parle de ce
groupe berrichon qui ne s'est jamais
divisé et dont je faisais partie, qui
n'ait subi plusieurs fois dans sa

vie l'influence extraordinaire de
Planet, celui d'entre nous qui, au
premier abord, eût semblé devoir
être mené par tous les autres.

Je fus donc persuadée, et un beau
matin, après avoir arrangé tant
bien que mal mes affaires de façon
à m'assurer quelques ressources, je
quittai Paris sans faire d'adieux à
personne et sans dire mon projet
à Maurice. Je vins à Nohant pour
prendre congé de mes amis et les
entretenir de mes enfants, dans le
cas où quelque accident me ferait
trouver la mort en voyage, car je
voulais aller loin devant moi en
prenant la route de l'Orient.

Je savais bien que mes amis n'auraient aucune autorité sur mes enfants tant qu'ils seraient enfants. Mais ils pouvaient, au sortir de ce premier âge, exercer sur eux de douces influences. J'espérais même que madame Decerfz pourrait être une véritable mère pour ma fille, et je voulais vendre ma propriété littéraire pour lui créer une petite rente qui la mît à même de faire son éducation, dans le cas où mon mari viendrait à y consentir. A l'époque du mariage de ma fille, cette rente lui eût été restituée : c'était alors peu de chose, mais cela représentait ce que coûte, dans la meilleure pension possible, l'éducation d'une jeune fille. Je partis

donc pour Nohant avec le projet de
tenter cet arrangement, qui ne devait avoir lieu que dans l'éventua-
lité de ma mort, et pour entretenir, dans tous les cas, mes amis
du devoir que je leur léguais d'en-
tourer Maurice et Solange d'un
réseau de sollicitudes paternelles et
de relations assidues.

Mais avant de raconter ce qui
suivit, je ne veux pas oublier une
circonstance singulière qui eut lieu
dans l'hiver de 1835.

J'avais en Berry une amie charmante, une nouvelle amie, il est
vrai, madame Rozane B., femme
d'un fonctionnaire établi à la Châtre

depuis quelques années seulement. C'était une personne distinguée à tous égards, d'une beauté exquise, et d'un caractère si parfaitement aimable qu'elle fut bientôt parmi nous comme si elle y était née.

Étant appelée à Paris pour ses affaires au moment où j'y retournais (au mois de janvier, je crois), elle accepta une des deux chambrettes de ma mansarde, et y passa une quinzaine.

Elle me dit un jour, en recevant des lettres de sa famille, qui habitait Lyon : « On me charge vraiment d'une commission singulière. Une famille très-honorable prie la mienne de s'informer par moi de

ce que fait à Paris et dans le
monde un jeune homme que je ne
connais pas et dont l'existence est
mystérieuse, même pour les siens.
Si je sais comment m'y prendre, je
veux être pendue. J'ai son adresse,
et voilà tout. »

Elle se résolut à le prier de venir
la voir, afin de parler avec lui de
sa famille et de le sonder sur ses
projets et sur ses occupations. Je
l'autorisai à le recevoir chez moi.

Après qu'elle eut reçu sa visite, elle
me dit qu'elle n'était guère plus
avancée et qu'elle l'avait engagé à
revenir, afin de pouvoir me le
présenter. Elle comptait sur moi

pour le faire causer d'une manière
plus explicite. Cette idée me fit
beaucoup rire. S'il y a jamais eu
sous le ciel une personne inhabile
à en confesser une autre, c'est moi
à coup sûr; mais je ne pus refuser
à Rozane ce qu'elle exigeait de
moi : je reçus avec elle la visite du
jeune homme mystérieux, et même
elle nous laissa seuls ensemble quelques instants, espérant qu'il se mé-
fierait moins de moi que d'elle-
même.

Je ne me rappelle pas un mot
de la conversation, qui ne roula
que sur des idées générales, et
même, sans le secours de Rozane,
qui a retenu le fait avec précision,

je ne me souviendrais pas beaucoup de la conclusion que j'en tirai :
mais, grâce à elle, la voici textuel-
lement, telle que je la lui donnai
quand il fut parti. « Ce jeune
homme est charmant. C'est un esprit très-remarquable et sa conscience me paraît fort tranquille. S'il
voyage, s'il court le monde, ce
n'est pas comme aventurier subal-
terne, mais comme aventurier politique, comme conspirateur. Il s'est
dévoué à la fortune de la famille
Bonaparte. Il croit encore à cette
étoile. Il croit à quelque chose en
ce monde : il est bien heureux! »

Or, je n'avais pas trop mal deviné. Ce jeune homme était M. Fialin de Persigny.

Je reprends le récit de mon voyage en Orient, lequel n'eut lieu que dans mes rêves.

J'étais à Nohant depuis quelques jours, quand Fleury, partant pour Bourges, où Planet était établi (il y rédigeait un journal d'opposition), me proposa d'aller causer sérieusement de ma situation et de mes projets, non-seulement avec ce fidèle ami, mais avec le célèbre avocat Michel, notre ami à tous.

Il est donc temps que je parle de cet homme si diversement ap-

précié et que je crois avoir bien
connu, quoique ce ne fût pas chose
aisée. C'est à cette époque que je
commençai à subir une influence
d'un genre tout à fait exceptionnel
dans la vie ordinaire des femmes,
influence qui me fut longtemps
précieuse et qui pourtant cessa tout
d'un coup et d'une manière complète, sans briser mon amitié.

CHAPITRE HUITIÈME.

Éverard. — Sa tête, sa figure, ses manières, ses habitudes. — Patriotes ennemis de la propreté. — Conversation nocturne et ambulatoire. — Sublimités et contradictions. — Fleury et moi faisons le même rêve, à la même heure. — De Bourges à Nohant. — Les lettres d'Éverard. — Procès d'avril. — Lyon et Paris. — Les avocats. — Pléiade philosophique et politique. — Planet *pose la question sociale*. — Le pont des Saints-Pères. — Fête au château. — Fantasmagorie babouviste. — Ma situation morale. — Sainte-Beuve se moque. — Un dîner excentrique. — Une page de Louis Blanc. — Éverard malade et halluciné. — Je veux partir ; conversation décisive ; Éverard sage et vrai. — Encore une page de Louis Blanc. — Deux points de vue différents dans la défense : je donne raison à M. Jules Favre.

La première chose qui m'avait frappée en voyant Michel pour la première fois, fraîche que j'étais dans mes études phrénologiques, c'était la forme extraordinaire de sa tête. Il semblait avoir deux crânes soudés l'un à l'autre, les signes des

4.

hautes facultés de l'âme étant aussi
proéminents à la proue de ce puissant navire que ceux des généreux
instincts l'étaient à la poupe. Intelligence, vénération, enthousiasme,
subtilité et v astitude d'esprit étaient
équilibrés par l'amour familial, l'a-
mitié, la tendre domesticité, le
courage physique. *Éverard* [1] était
une organisation admirable. Mais
Éverard était malade, Éverard ne
devait pas, ne pouvait pas vivre.
La poitrine, l'estomac, le foie
étaient envahis. Malgré une vie so-

---

[1] Je lui conserverai dans ce récit le pseudo-
nyme que je lui ai donné dans les *Lettres d'un
voyageur*. J'ai toujours aimé à baptiser mes amis
d'un nom à ma guise, mais dont je ne me rappelle pas toujours l'origine.

bre et austère, il était usé, et à
cette réunion de facultés et de qua-
lités hors ligne, dont chacune avait
sa logique particulière, il manquait
fatalement la logique générale, la
cheville ouvrière des plus savantes
machines humaines, la santé.

Ce fut précisément cette absence
de vie physique qui me toucha
profondément. Il est impossible de
ne pas ressentir un tendre intérêt
pour une belle âme aux prises avec
les causes d'une inévitable destruction, quand cette âme ardente et
courageuse domine à chaque instant son mal et paraît le dominer
toujours. Éverard n'avait que trente-
sept ans, et son premier aspect

était celui d'un vieillard petit, grêle,
chauve et voûté; le temps n'était
pas venu où il voulut se rajeunir,
porter une perruque, s'habiller à la
mode et aller dans le monde. Je ne
l'ai jamais vu ainsi : cette phase
d'une transformation qu'il dépouilla
tout à coup, comme il l'avait re-
vêtue, ne s'est pas accomplie sous
mes yeux. Je ne le regrette pas;
j'aime mieux conserver son image
sévère et simple comme elle m'est
toujours apparue.

Éverard paraissait donc, au premier coup d'œil, avoir soixante ans,
et il avait soixante ans en effet;
mais, en même temps, il n'en avait
que quarante quand on regardait

mieux sa belle figure pâle, ses
dents magnifiques et ses yeux myo-
pes d'une douceur et d'une candeur
admirables à travers ses vilaines
lunettes. Il offrait donc cette par-
ticularité de paraître et d'être réellement jeune et vieux tout ensemble.

Cet état problématique devait être
et fut la cause de grands imprévus et de grandes contradictions
dans son être moral. Tel qu'il était,
il ne ressemblait à rien et à personne. Mourant à toute heure, la
vie débordait cependant en lui à
toute heure, et parfois avec une
intensité d'expansion fatigante même
pour l'esprit qu'il a le plus émer-

veillé et charmé, je veux dire pour
mon propre esprit.

Sa manière d'être extérieure ré-
pondait à ce contraste par un
contraste non moins frappant. Né
paysan, il avait conservé le besoin
d'aise et de solidité dans ses vête-
ments. Il portait chez lui et dans
la ville une épaisse houppelande in-
forme et de gros sabots. Il avait
froid en toute saison et partout;
mais, poli quand même, il ne con-
sentait pas à garder sa casquette
ou son chapeau dans les apparte-
ments. Il demandait seulement la
permission de mettre *un mouchoir*,
et il tirait de sa poche trois ou
quatre foulards qu'il nouait au ha-

sard les uns sur les autres, qu'il
faisait tomber en gesticulant, qu'il
ramassait et remettait avec distraction, se coiffant ainsi, sans le savoir, de la manière tantôt la plus
fantastique et tantôt la plus pittoresque.

Sous cet accoutrement on aper-
cevait une chemise fine, toujours
blanche et fraîche, qui trahissait la
secrète exquisité de ce paysan du
Danube. Certains démocrates de province blâmaient ce sybaritisme ca-
ché et ce soin extrême de la personne. Ils avaient grand tort. La
propreté est un indice et une
preuve de sociabilité et de défé-
rence pour nos semblables, et il

ne faut pas qu'on proscrive la propreté raffinée, car il n'y a pas de
demi-propreté. L'abandon de soi-
même, la mauvaise odeur, les dents
répugnantes à voir, les cheveux
sales, sont des habitudes malséantes
qu'on aurait tort d'accorder aux
savants, aux artistes ou aux patriotes. On devrait les en reprendre
d'autant plus, et ils devraient se les
permettre d'autant moins, que le
charme de leur commerce ou l'ex-
cellence de leurs idées attire davantage, et qu'il n'est point de si belle
parole qui ne perde de son prix
quand elle sort d'une bouche qui
vous donne des nausées. Enfin, je
me persuade que la négligence du
corps doit avoir dans celle de l'es-

prit quelque point de correspon-
dance dont les observateurs devraient toujours se méfier.

Les manières brusques, le sans
gêne, la franchise acerbe d'Éverard n'étaient qu'une apparence, et,
avouons-le, une affectation devant
les gens hostiles, ou qu'il supposait
tels à première vue. Il était par
nature la douceur, l'obligeance et
la grâce même : attentif au moindre
désir, au moindre malaise de ceux
qu'il aimait, tyrannique en paroles,
débonnaire dans la tendresse quand
on ne résistait pas à ses théories
d'autorité absolue.

Cet amour de l'autorité n'était

cependant pas joué. C'était le fond,
c'était les entrailles mêmes de son
caractère, et cela ne diminuait en
rien ses bontés et ses condescen-
dances paternelles. Il voulait des
esclaves, mais pour les rendre heureux, ce qui eût été une belle et
légitime volonté s'il n'eût eu affaire
qu'à des êtres faibles. Mais il eût
sans doute voulu travailler à les
rendre forts, et dès lors ils eussent
cessé d'être heureux en se sentant
esclaves.

Ce raisonnement si simple n'entra
jamais dans sa tête, tant il est
vrai que les plus belles intelligences
peuvent être troublées par quelque

passion qui leur retire, sur certains
points, la plus simple lumière.

Arrivée à l'auberge de Bourges,
je commençai par dîner, après quoi
j'envoyai dire à Éverard par Planet que j'étais là, et il accourut.
Il venait de lire *Lélia* et il était
toqué de cet ouvrage. Je lui racontai tous mes ennuis, toutes mes
tristesses et le consultai beaucoup
moins sur mes affaires que sur
mes idées. Il était disposé à l'expansion, et de sept heures du soir
à quatre heures du matin, ce fut
un véritable éblouissement pour mes
deux amis et pour moi. Nous nous
étions dit bonsoir à minuit, mais,
comme il faisait un brillant clair

de lune et une nuit de printemps
magnifique, il nous proposa une
promenade dans cette belle ville
austère et muette qui semble être
faite pour être vue ainsi. Nous le
reconduisîmes jusqu'à sa porte; mais
là il ne voulut pas nous quitter et
nous reconduisit jusqu'à la nôtre
en passant par l'hôtel de Jacques
Cœur, un admirable édifice de la
renaissance, où chaque fois nous
faisions une longue pause. Puis il
nous demanda de le reconduire encore, revint encore avec nous, et
ne se décida à nous laisser rentrer
que quand le jour parut. Nous
fîmes neuf fois la course, et l'on
sait que rien n'est fatigant comme
de marcher en causant et en s'ar-

rêtant à chaque pas; mais nous ne
sentîmes l'effet de cette fatigue que
quand il nous eut quittés.

Que nous avait-il dit durant cette
longue veillée? Tout et rien. Il s'é-
tait laissé emporter par nos *dires*,
qui ne se plaçaient là que pour
lui fournir la réplique, tant nous
étions curieux d'abord et puis ensuite avides de l'écouter. Il avait
monté d'idée en idée jusqu'aux
plus sublimes élans vers la Divinité,
et c'est quand il avait franchi tous
ces espaces qu'il était véritablement
transfiguré. Jamais parole plus élo-
quente n'est sortie, je crois, d'une
bouche humaine, et cette parole
grandiose était toujours simple. Du

moins elle s'empressait de redevenir
naturelle et familière quand elle
s'arrachait souriante à l'entraînement
de l'enthousiasme. C'était comme
une musique pleine d'idées qui vous
élève l'âme jusqu'aux contempla-
tions célestes, et qui vous ramène
sans effort et sans contraste, par
un lien logique et une douce modulation, aux choses de la terre et
aux souffles de la nature.

Je n'essayerai pas de me rappeler
ce dont il nous entretint. Mes *Lettres à Éverard* (Sixième numéro des
Lettres d'un voyageur), qui sont
comme des réponses réfléchies à
ces appels spontanés de sa prédica-
tion, ne peuvent que le faire pres-

sentir. J'étais le sujet un peu pas-
sif de sa déclamation naïve et
passionnée. Planet et Fleury m'a-
vaient citée devant son tribunal
pour que j'eusse à confesser mon
scepticisme à l'endroit des choses de
la terre, et cet orgueil qui voulait
follement s'élever à l'adoration d'une
perfection abstraite en oubliant les
pauvres humains mes semblables.
Comme c'était chez moi une théorie
plus sentie que raisonnée, je n'é-
tais pas bien solide dans ma défense, et je ne résistais guère que
pour me faire mieux endoctriner.
Cependant j'apercevais dans cet admirable enseignement, de profondes
contradictions que j'eusse pu saisir
au vol et que j'eusse bien fait de

constater davantage. Mais il est
doux et naturel de se laisser aller
au charme des choses de détail,
quand elles sont bien pensées et
bien dites, et c'est être ennemi de
soi-même que d'en interrompre la
déduction par des chicanes. Je n'eus
pas ce courage; mes amis ne l'eu-
rent pas non plus, quoique l'un,
Planet, eût le parfait et solide bon
sens qui peut tenir tête au génie;
quoique l'autre, Fleury, eût de secrètes méfiances instinctives contre
la poésie dans les arguments.

Tous trois nous fûmes vaincus,
et quel que fût le degré de conviction de l'homme qui nous avait
parlé, nous nous sentîmes, en le

quittant, tellement au-dessus de nous-mêmes, que nous ne pouvions et ne devions pas nous soustraire par le doute à l'admiration et à la reconnaissance.

« Jamais je ne l'ai vu ainsi, nous dit Planet. Il y a un an que je vis à ses côtés, et je ne le connais que de ce soir. Il s'est enfin livré pour vous tout entier; il a fait tous les frais de son intelligence et de sa sensibilité. Ou il vient de se révéler à lui-même pour la première fois de sa vie, ou il a vécu parmi nous replié sur lui-même et se défendant d'un complet abandon. »

5·

De ce moment, l'attachement de
Planet pour Éverard devint une
sorte de fétichisme, et il en arriva
de même à plusieurs autres qui
avaient douté jusque-là de son cœur
et qui y crurent en le lui voyant
ouvrir devant moi. Ce fut une mo-
dification notable que j'apportais,
sans le savoir, à l'existence morale
d'Éverard et à ses relations avec
quelques-uns de ses amis. Ce fut
une douceur réelle dans sa vie,
mais fut-ce un bien réel? Il n'est
bon pour personne d'être trop aveuglément aimé.

Après quelques heures de sommeil, je retrouvai mon *Gaulois*
(Fleury) singulièrement tourmenté.

il avait fait un rêve effrayant, et
je fus presque effrayée moi-même
en le lui entendant raconter; car,
à peu de chose près, j'avais eu le
même rêve. C'était une parole dite
en riant par Éverard qui s'était lo-
gée, on ne sait jamais comment
cela arrive, dans un coin de notre
cervelle, et précisément celle qui
nous avait le moins frappés dans
le moment où elle avait été dite.

Il n'y avait rien de plus naturel
et de plus explicable que ce fait
d'une parole éveillant la même
pensée, et que la même cause pro-
duisant dans l'imagination de mon
ami et dans la mienne les mêmes
effets. Pourtant cette coïncidence

d'images simultanées dans le cours
des mêmes heures, nous frappa un
instant tous les deux, et peu s'en
fallut que nous n'y vissions un pres-
sentiment ou un avertissement à la
manière des croyances antiques.

Mais nous ne songeâmes bientôt
qu'à rire de notre préoccupation
et surtout du mouvement naïf que
j'avais provoqué chez Éverard par
ma résistance enjouée aux arguments humanitaires de la guillotine.
Il ne pensait pas un mot de ce
qu'il avait dit; il avait horreur de
la peine de mort en matière politique; il avait voulu être logique
jusqu'à l'absurde, mais il eût ri de
son propre emportement, si, après

les mondes que la suite de la discussion nous avait fait franchir à
tous, nous eussions songé à revenir
sur cette *misère* de quelques têtes de
plus ou de moins en travers de
nos opinions!

Nous étions dans le vrai en nous
disant qu'Éverard n'eût pas voulu
occire seulement une mouche pour
réaliser son utopie. Mais Fleury
n'en resta pas moins frappé de la
tendance dictatoriale de son esprit,
qui ne lui était apparue pour la
première fois qu'en l'entendant con-
trecarrer par mes théories de liberté
individuelle.

Et puis, fut-ce l'effet du songe

allégorique qui nous avait visités
tous deux, ou la sollicitude d'une
amitié délicate et la crainte de
m'avoir jetée sous une influence fu-
neste, en voulant me pousser sous
une influence curative? Il est certain que le Gaulois se sentit tout
à coup pressé de partir. Il m'en
avait fait la promesse en montant
en voiture et il avait regretté cette
promesse en arrivant à Bourges.
Maintenant il trouvait qu'on n'atte-
lait pas assez vite. Il craignait de
voir arriver Éverard pour nous
retenir.

Éverard, de son côté, pensait
nous retrouver là, et fut étonné de
notre fuite. Moi, sans me presser

avec inquiétude, mais bien résolue à m'en aller dès le matin, je m'en allais en effet, causant de lui et de la république sur la grande route, avec mon Gaulois, et ne lui cachant pas que j'acceptais un bel aperçu de cet idéal, mais que j'avais besoin d'y réfléchir et de me reposer de ces torrents d'éloquence qu'il n'était pas dans ma nature de subir trop longtemps sans respirer.

Mais il ne dépendit pas de moi de respirer, en effet, l'air du matin et des pommiers en fleur. La béatitude de mes rêveries n'était pas du goût de mon compagnon de voyage. Il était organisé pour le combat et non pour la contempla-

tion. Il voulait trouver sa certitude
dans les luttes et dans les solutions
successives de l'humanité. Il n'essayait
pas de me prêcher après Éverard,
mais il voulait se prêcher lui-
même, commenter chacune des paroles du maître, accepter ou repousser ce qui lui avait paru faux
ou juste, et comme lui-même était
un esprit distingué et un cœur sincère, il ne me fut pas possible de
ne pas parler d'Éverard, de politique et de philosophie pendant
dix-huit lieues.

Éverard ne me laissa pas respirer
davantage. A peine fus-je reposée
de ma course, que je reçus à mon
réveil une lettre enflammée du

même souffle de prosélytisme qu'il
semblait avoir épuisé dans notre veillée ambulatoire à travers les grands
édifices blanchis par la lune et sur
le pavé retentissant de la vieille cité
endormie. C'était une écriture indé-
chiffrable d'abord, et comme torturée par la fièvre de l'impatience
de s'exprimer : mais quand on avait
lu le premier mot, tout le reste
allait de soi-même. C'était un style
aussi concis que sa parole était
abondante, et comme il m'écrivait
de très-longues lettres, elles étaient
si pleines de choses non dévelop-
pées, qu'il y en avait pour tout un
jour à les méditer après les avoir
lues.

Ces lettres se succédèrent avec ra-
pidité sans attendre les réponses.
Cet ardent esprit avait résolu de
s'emparer du mien; toutes ses facultés étaient tendues vers ce but. La
décision brusque et la délicate persuasion qui étaient les deux éléments
de son talent extraordinaire s'ai-
daient l'une l'autre pour franchir
tous les obstacles de la méfiance
par des élans chaleureux et par des
ménagements exquis. Si bien que
cette manière impérieuse et inusitée
de fouler aux pieds les habitudes
de la convenance, de se poser en
dominateur de l'âme et en apôtre
inspiré d'une croyance, ne laissait
aucune prise à la raillerie, et ne
tombait pas un seul instant dans

le ridicule, tant il y avait de modestie personnelle, d'humilité religieuse et de respectueuse tendresse
dans ses cris de colère comme
dans ses cris de douleur.

« Je sais bien, » me disait-il —
après des élans de lyrisme où
le tutoiement arrivait de bonne
grâce, — « que le mal de ton intel-
» ligence vient de quelque grande
» peine de cœur. L'amour est une
» passion égoïste. Étends cet amour
» brûlant et dévoué, qui ne recevra
» jamais sa récompense en ce
» monde, à toute cette humanité
» qui déroge et qui souffre. Pas
» tant de sollicitude pour une seule
» créature! Aucune ne le mérite,

» mais toutes ensemble l'exigent au
» nom de l'éternel auteur de la
» création! »

Tel fut, en résumé, le thème
qu'il développa dans cette série de
lettres, auxquelles je répondis sous
l'empire d'un sentiment modifié, depuis une certaine méfiance au point
de départ jusqu'à la foi presque
entière pour conclusion. On pourrait appeler ces *Lettres à Éverard*,
qui, de ses mains, ont passé presque immédiatement dans celles du
public, l'analyse rapide d'une conversion rapide.

Cette conversion fut absolue dans
un sens et très-incomplète dans un

autre sens. La suite de mon récit
le fera comprendre.

Une grande agitation régnait alors
en France. La monarchie et la république allaient jouer leur *vatout*
dans ce grand procès qu'on a
nommé avec raison le procès-
monstre, bien que, par une suite
brutale de dénis de justice et de
violations de la légalité, le pouvoir
ait su l'empêcher d'atteindre aux
proportions et aux conséquences
qu'il pouvait et devait avoir.

Il n'était plus guère possible de
rester neutre dans ce vaste débat
qui n'avait plus le caractère des
conspirations et des coups de main,

mais bien celui d'une protestation
générale où tous les esprits s'éveil-
laient pour se jeter dans un camp
ou dans l'autre. La cause de ce
procès (les événements de Lyon)
avait eu un caractère plus socialiste,
et un but plus généralement senti
que ceux de Paris qui les avaient
précédés. Ici il ne s'était agi, du
moins en apparence, que de changer
la forme du gouvernement. Là-bas,
le problème de l'organisation du
travail avait été soulevé avec la
question du salaire et pleinement
compris. Le peuple, sollicité et un
peu entraîné ailleurs par des chefs
politiques, avait, à Lyon, entraîné
ces mêmes chefs dans une lutte
plus profonde et plus terrible.

Après les massacres de Lyon, la
guerre civile ne pouvait plus de
longtemps amener de solution fa-
vorable à la démocratie. Le pouvoir avait la force des canons et
des baïonnettes. Le désespoir seul
pouvait chercher désormais dans les
combats le terme de la souffrance
et de la misère. La conscience et la
raison conseillaient d'autres luttes,
celles du raisonnement et de la
discussion. Le retentissement de la
parole publique devait ébranler l'o-
pinion publique. C'est sous l'opinion
de la France entière que pouvait
tomber ce pouvoir perfide, ce système de provocation inauguré par
la politique de Louis-Philippe.

C'était une belle partie à jouer.
Une simple mais large question
de procédure pouvait aboutir à une
révolution. Elle pouvait, tout au
moins, imprimer un mouvement de
recul à l'aristocratie et lui poser
une digue difficile à franchir. La
partie fut mal jouée par les démocrates. C'est à eux que le mouvement de recul fut imprimé, c'est
devant eux que la digue fut posée.

Au premier abord, il semblait
pourtant que cette réunion de ta-
lents appelés de tous les coins du
pays et représentant tous les types
de l'intelligence des provinces dût
produire une résistance vigoureuse.
C'était, dans les rêves du départ,

la formation d'un corps d'élite, d'un petit bataillon sacré impossible à entamer, parce qu'il présentait une masse parfaitement homogène. Il s'agissait de parler et de protester, et presque tous les combattants de la démocratie appelés dans la lice étaient des orateurs brillants ou des argumentateurs habiles.

Mais on oubliait que les avocats les plus sérieux sont, avant tout, des artistes, et que les artistes n'existent qu'à la condition de s'entendre sur certaines règles de forme, et de différer essentiellement les uns des autres par le fond de la pensée, par l'illumination intérieure, par l'inspiration.

6.

On se croyait bien d'accord au
début sur la conclusion politique,
mais chacun comptait sur ses propres moyens; on pliera difficile-
ment des artistes à la discipline, à
la charge en douze temps.

Le moment commençait à poindre où les idées purement politiques et les idées purement socialistes devaient creuser des abîmes
entre les partisans de la démocratie. Cependant on s'entendait encore à Paris contre l'ennemi commun. On s'entendait même mieux
sous ce rapport qu'on n'avait fait
depuis longtemps. La phalange des
avocats de province venait se ranger sur un pied d'égalité; mais

avec une tendre vénération, autour
d'une pléiade de célébrités, choisie
d'inspiration et d'enthousiasme parmi
les plus beaux noms démocratiques
du barreau, de la politique et de
la philosophie, de la science et de
l'art littéraire : Dupont, Marie, Gar-
nier-Pagès, Ledru-Rollin, Armand
Carrel, Buonarotti, Voyer-d'Argen-
son, Pierre Leroux, Jean Reynaud,
Raspail, Carnot, et tant d'autres
dont la vie a été éclatante de dé-
vouement ou de talent par la suite.
A côté de ces noms déjà illustres,
un nom encore obscur, celui de
Barbès, donne à cette réunion choisie un caractère non moins sacré
pour l'histoire que ceux de Lamennais, Jean Reynaud et Pierre Le-

roux. Grand parmi les plus grands,
Barbès a eu l'éclat de la vertu, à
défaut de celui de la science.

J'ai dit qu'on se croyait bien
d'accord au point de départ. Pour
mon compte, je me crus d'accord
avec Éverard et je supposais ses
amis d'accord avec lui. Il n'en était
rien. La plupart de ceux qu'il avait
amenés de la province étaient tout
au plus girondins, quoiqu'ils se
crussent montagnards.

Mais Éverard n'avait encore confié
à personne, et pas plus à moi
qu'aux autres, sa doctrine ésotérique.
Son expansion ne paralysait pas
une grande prudence qui, en fait

d'idées, allait quelquefois jusqu'à la
ruse. Il se croyait en possession
d'une certitude, et, sentant bien
qu'elle dépassait la portée révolutionnaire de ses adeptes, il en insi-
nuait tout doucement l'esprit et
n'en révélait pas la lettre.

Pourtant certaines réticences, certaines contradictions m'avaient frappée, et je sentais en lui des
lacunes, ou des choses réservées qui
échappaient aux autres et qui me
tourmentaient. J'en parlais à Planet,
qui n'y voyait pas plus avant que
moi et qui, naïvement tourmenté
aussi pour son compte, avait
coutume de dire à tout propos,
et même souvent à propos de

bottes : *Mes amis, il est temps de poser la question sociale !* »

Il disait cela si drôlement, ce bon Planet, que sa proposition était toujours accueillie par des rires, et que son mot était passé chez nous en proverbe. On disait : « Allons poser la question sociale » pour dire : « Allons dîner ! » et quand quelque bavard venait nous ennuyer, on proposait de lui poser la question sociale pour le mettre en fuite.

Planet cependant avait raison; même dans ses gaietés excentriques, son bon sens allait toujours au fait.

Enfin, un soir que nous avions été au Théâtre-Français, et que, par une nuit magnifique, nous ramenions Éverard à sa demeure voisine de la mienne (il s'était logé quai Voltaire), la question sociale fut sérieusement posée. J'avais toujours admis ce que l'on appelait alors l'égalité des biens, et même le *partage des biens*, faute d'avoir adopté généralement le mot si simple d'association, qui n'est devenu populaire que par la suite. Les mots propres descendent toujours trop tard dans les masses. Il a fallu que le socialisme fût accusé de vouloir le retour de la loi agraire et de toutes ses conséquences brutales, pour qu'il trouvât des formules

plus propres à exprimer ses aspirations.

J'entendais, moi, ce partage des
biens de la terre d'une façon toute
métaphorique; j'entendais réellement
par là la participation au bonheur,
due à tous les hommes, et je ne
pouvais pas m'imaginer un dépèce-
ment de la propriété qui n'eût pu
rendre les hommes heureux qu'à la
condition de les rendre barbares.
Quelle fut ma stupéfaction quand
Éverard, serré de près par mes
questions et les questions encore
plus directes et plus pressantes de
Planet, nous exposa enfin son système !

Nous nous étions arrêtés sur le
pont des Saints-Pères. Il y avait
bal ou concert au château; on
voyait le reflet des lumières sur les
arbres du jardin des Tuileries. On
entendait le son des instruments
qui passait par bouffées dans l'air
chargé de parfums printaniers, et
que couvrait, à chaque instant, le
roulement des voitures sur la place
du Carrousel. Le quai désert du
bord de l'eau, le silence et l'immo-
bilité qui régnaient sur le pont
contrastaient avec ces rumeurs con-
fuses, avec cet invisible mouvement.
J'étais tombée dans la rêverie, je
n'écoutais plus le dialogue entamé,
je ne me souciais plus de la question sociale, je jouissais de cette

nuit charmante, de ces vagues mé-
lodies, des doux reflets de la lune
mêlés à ceux de la fête royale.

Je fus tirée de ma contemplation
par la voix de Planet qui disait
auprès de moi : « Ainsi, mon bon
ami, vous vous inspirez du vieux
Buonarotti et vous iriez jusqu'au
babouvisme ? — Quoi ? qu'est-ce ?
leur dis-je tout étonnée. Vous
voulez faire revivre cette vieillerie ?
Vous avez laissé chez moi l'ouvrage
de Buonarotti, je l'ai lu, c'est beau ;
mais ces moyens empiriques pouvaient entrer dans le cœur déses-
péré des hommes de cette époque,
au lendemain de la chute de
Robespierre. Aujourd'hui ils seraient

insensés, et ce n'est pas par ces
chemins-là qu'une époque civilisée
peut vouloir marcher. — La civilisation! s'écria Éverard courroucé,
et frappant de sa canne les balus-
trades sonores du pont; oui! voilà
le grand mot des artistes! La civilisation! Moi, je vous dis que
pour rajeunir et renouveler votre
société corrompue, il faut que ce
beau fleuve soit rouge de sang,
que ce palais maudit soit réduit en
cendres, et que cette vaste cité où
plongent vos regards soit une
grève nue, où la famille du pauvre
promènera la charrue et dressera
sa chaumière! »

Là-dessus, voilà mon avocat parti,

et comme mon rire d'incrédulité
échauffait sa verve, ce fut une déclamation horrible et magnifique
contre la perversité des cours, la
corruption des grandes villes, l'action dissolvante et énervante des
arts, du luxe, de l'industrie, de la
civilisation, en un mot. Ce fut un
appel au poignard et à la torche,
ce fut une malédiction sur l'impure
Jérusalem et des prédictions apoca-
lyptiques; puis, après ces funèbres
images, il évoqua le monde de l'a-
venir comme il le rêvait en ce moment-là, l'idéal de la vie cham-
pêtre, les mœurs de l'âge d'or, le
paradis terrestre fleurissant sur les
ruines fumantes du vieux monde
par la vertu de quelque fée.

Comme je l'écoutais sans le contredire, il s'arrêta pour m'interro-
ger. L'horloge du château sonnait
deux heures. « Il y a deux grandes
heures que tu plaides la cause de
la mort, lui dis-je, et j'ai cru entendre le vieux Dante au retour de
l'enfer. Maintenant je me délecte à
ta symphonie pastorale; pourquoi
l'interrompre sitôt?

— Ainsi, s'écria-t-il indigné, tu
t'occupes à admirer ma pauvre éloquence! Tu te complais dans les
phrases, dans les mots, dans les
images! Tu m'écoutes comme un
poëme ou comme un orchestre,
voilà tout! Tu n'es pas plus con-
vaincue que cela! »

A mon tour, je plaidai, mais
sans aucun art, la cause de la civilisation, la cause de l'art surtout,
et puis, poussée par ses dédains
injustes, je voulus plaider aussi celle
de l'humanité, faire appel à l'intelligence de mon farouche pédagogue,
à la douceur de ses instincts, à la
tendresse de son cœur, que je connaissais déjà si aimant et si impressionnable. Tout fut inutile. Il était
monté sur ce *dada*, qui était véritablement le cheval pâle de la vision.
Il était hors de lui : il descendit
sur le quai en déclamant, il brisa
sa canne sur les murs du vieux
Louvre, il poussa des exclamations
tellement *séditieuses* que je ne comprends pas comment il ne fut ni

remarqué, ni entendu, ni *ramassé*
par la police. Il n'y avait que lui
au monde qui pût faire de pareilles
excentricités sans paraître fou et
sans être ridicule.

Pourtant j'en fus attristée, et, lui
tournant le dos, je le laissai plaider tout seul et repris avec Planet
le chemin de ma demeure.

Il nous rejoignit sur le pont. Il
était à la fois furieux et désolé de
ne m'avoir pas persuadée. Il me
suivit jusqu'à ma porte, voulant
m'empêcher de rentrer, me sup-
pliant de l'écouter encore, me me-
naçant de ne jamais me revoir si
je le quittais ainsi. On eût dit d'une

querelle d'amour, et il ne s'agissait pourtant que de la doctrine de Babeuf.

Il ne s'agissait que de cela! C'était quelque chose pourtant! Maintenant que les idées ont dépassé cette farouche doctrine, elle fait déjà sourire les hommes avancés; mais elle a eu son temps dans le monde, elle a soulevé la bohème au nom de Jean Hus, elle a dominé souvent l'idéal de Jean-Jacques Rousseau, elle a bouleversé bien des imaginations à travers les tempêtes de la révolution du dernier siècle, et même encore à travers les agitations intellectuelles de 1848 elle s'est fondue en partie dans l'esprit de cer-

tains clubs de cette époque avec les
théories de certaines dictatures. En
un mot, elle a fait secte, et comme,
dans toute doctrine de rénovation,
il y a de grandes lueurs de vérité
et de touchantes aspirations vers
l'idéal, elle a mérité l'examen, elle
a exercé sa part de séduction en
se formulant au pied de l'échafaud
où montèrent, déjà frappés de leur
propre main, l'enthousiaste Gracchus
et le stoïque Darthé.

Emmanuel Arago plaidant pour
Barbès en 1839 a dit : *Barbès est
babouviste.* Il ne m'a pas semblé
depuis, en causant avec Barbès,
qu'il eût jamais été babouviste dans
le sens où l'avait été Éverard en

7.

1835. On se trompe aisément
quand, pour exposer la croyance
d'un homme, on est obligé, pour
la résumer et la définir, de l'assimiler à celle d'un homme qui l'a
précédé. On ne peut pas être, quoi
qu'on fasse, dans l'exacte vérité.
Toute doctrine se transforme rapidement dans l'esprit des adeptes, et
d'autant plus que les adeptes sont
ou deviennent plus forts que le
maître.

Je ne veux pas analyser et cri-
tiquer ici la doctrine de Babeuf.
Je ne veux la montrer que dans ses
résultats possibles, et comme Éverard, le plus illogique des hommes
de génie dans l'ensemble de sa vie,

était le plus implacable logicien de
l'univers dans chaque partie de sa
science et dans chaque phase de sa
conviction, il n'est pas indifférent
d'avoir à constater qu'elle le jetait,
à l'époque que je raconte, dans des
aberrations secrètes et dans un rêve
de destruction colossale.

J'avais passé le mois précédent à
lire Éverard et à lui écrire. Je
l'avais revu dans cet intervalle, je
l'avais pressé de questions, et, pour
mieux mettre à profit le peu de
temps que nous avions, je n'avais
plus rien discuté. J'avais tâché de
construire en moi l'édifice de sa
croyance, afin de voir si je pouvais
me l'assimiler avec fruit. Convertie

au sentiment républicain et aux
idées nouvelles, on sait maintenant
de reste que je l'étais d'avance.
J'avais gagné, à entendre cet homme
véritablement inspiré en certains
moments, de ressentir de vives
émotions que la politique ne m'a-
vait jamais semblé pouvoir me donner. J'avais toujours pensé froide-
ment aux choses de fait; j'avais
regardé couler autour de moi,
comme un fleuve lourd et troublé,
les mille accidents de l'histoire générale contemporaine, et j'avais dit :
« *Je ne boirai pas cette eau.* » Il est
probable que j'eusse continué à ne
pas vouloir mêler ma vie intérieure
à l'agitation de ces flots amers.
Sainte-Beuve, qui m'influençait en-

core un peu à cette époque par ses adroites railleries et ses raisonnables avertissements, regardait les choses positives en amateur et en critique. La critique dans sa bouche avait de grandes séductions pour la partie la plus raisonneuse et la plus tranquille de l'esprit. Il raillait agréablement cette fusion subite qui s'opérait entre les esprits les plus divers venus de tous les points de l'horizon et qui se mêlaient, disait-il, comme tous les cercles du Dante écrasés subitement en un seul.

Un dîner où Listz avait réuni M. Lamennais, M. Ballanche, le chanteur Nourrit et moi, lui paraissait la chose la plus fantastique

qui se pût imaginer. Il me demandait ce qui avait pu être dit entre
ces cinq personnes. Je lui répondais
que je n'en savais rien, que
M. Lamennais avait dû causer avec
M. Ballanche, Listz avec Nourrit,
et moi avec le chat de la maison.

Et pourtant, relisons aujourd'hui
cette admirable page de Louis Blanc :

« Et comment peindre mainte-
» nant l'effet que produisaient sur
» les esprits tant de surprenantes
» complications? Le nom des accu-
» sés volait de bouche en bouche;
» on s'intéressait à leurs périls; on
» glorifiait leur constance; on se
» demandait avec anxiété jusqu'où

» ils pousseraient l'audace des réso-
» lutions prises. Dans les salons
» même où leurs doctrines n'étaient
» pas admises, leur intrépidité tou-
» chait le cœur des femmes; pri-
» sonniers, ils gouvernaient irrésis-
» tiblement l'opinion; absents, ils
» vivaient dans toutes les pensées.
» Pourquoi s'en étonner? Ils avaient
» pour eux, chez une nation géné-
» reuse, toutes les sortes de puis-
» sance : le courage, la défaite et
» le malheur. Époque orageuse et
» pourtant regrettable! Comme le
» sang bouillonnait alors dans nos
» veines! Comme nous nous sen-
» tions vivre! Comme elle était bien
» ce que Dieu l'a faite, cette nation
» française qui périra sans doute le

» jour où lui manquerout tout à
» fait les émotions élevées! Les po-
» litiques à courte vue s'alarment
» de l'ardeur des sociétés : ils ont
» raison; il faut être fort pour di-
» riger la force. Et voilà pourquoi
» les hommes d'État médiocres s'at-
» tachent à énerver un peuple. Ils
» le font à leur taille, parce qu'au-
» trement ils ne le pourraient con-
» duire. Ce n'est pas ainsi qu'agis-
» sent les hommes de génie. Ceux-là
» ne s'étudient point à éteindre les
» passions d'un grand peuple; car
» ils ont à les féconder, et ils
» savent que l'engourdissement est
» la dernière maladie d'une société
» qui s'en va. »

Cette page me semble avoir été
écrite pour moi, tant elle résume
ce qui se passait en moi et autour
de moi. J'étais, dans mon petit être,
l'expression de cette société qui s'en
allait, et l'homme de génie qui, au
lieu de me montrer le repos et le
bonheur dans l'étouffement des préoccupations immédiates, s'attachait à
m'émouvoir pour me diriger, c'é-
tait Éverard, expression lui-même
du trouble généreux des passions,
des idées et des erreurs du moment.

Depuis quelques jours que nous
nous étions retrouvés à Paris, lui
et moi, toute ma vie avait déjà

changé de face. Je ne sais si l'agitation qui régnait dans l'air que
nous respirions tous aurait beaucoup pénétré sans lui dans ma
mansarde; mais avec lui elle y
était entrée à flots. Il m'avait pré-
senté son ami intime, Girerd (de
Nevers), et les autres défenseurs des
accusés d'avril, choisis dans les
provinces voisines de la nôtre. Un
autre de ses amis, Degeorges (d'Ar-
ras), qui devint aussi le mien, Planet, Emmanuel Arago et deux ou
trois autres amis communs com-
plétaient l'école. Dans la journée,
je recevais mes autres amis. Peu
d'entre eux connaissaient Éverard;
tous ne partageaient pas ses idées;
mais ces heures étaient encore agi-

tées par la discussion des choses
du dehors, et il n'y avait guère
moyen de ne pas s'oublier soi-
même absolument dans cet accès
de fièvre que les événements donnaient à tout le monde.

Éverard venait me chercher à
six heures pour dîner dans un petit restaurant tranquille avec nos
habitués, en pique-nique. Nous nous
promenions le soir tous ensemble,
quelquefois en bateau sur la Seine,
et quelquefois le long des boule-
vards jusque vers la Bastille, écoutant les propos, examinant les
mouvements de la foule, agitée [et
préoccupée aussi, mais pas autant

qu'Éverard s'en était flatté en quittant la province.

Pour n'être pas remarquée comme femme seule avec tous ces hommes, je reprenais quelquefois mes habits de petit garçon, lesquels me permirent de pénétrer inaperçue à la fameuse séance du 20 mai au Luxembourg.

Dans ces promenades, Éverard marchait et parlait avec une animation fébrile, sans qu'il fût au pouvoir d'aucun de nous de le calmer et de le forcer à se ménager. En rentrant, il se trouvait mal, et nous avons passé souvent une par-

tie de la nuit, Planet et moi, à
l'aider à lutter contre une sorte
d'agonie effrayante. Il était alors as-
siégé de visions lugubres; courageux contre son mal, faible devant
les images qu'il éveillait en lui, il
nous suppliait de ne pas le laisser
seul avec les spectres. Cela m'ef-
frayait un peu moi-même. Planet,
habitué à le voir ainsi, ne s'en
inquiétait pas; et quand il le voyait
s'assoupir, il allait le mettre au lit,
revenait causer avec moi dans la
chambre voisine, bien bas pour ne
pas l'éveiller dans son premier sommeil, et me ramenait chez moi
quand il le sentait bien endormi.
Au bout de trois ou quatre heures
Éverard s'éveillait plus actif, plus

vivant, plus fougueux chaque jour,
plus imprévoyant surtout du mal
qu'il creusait en lui et dont, à chaque effort de la vie, il croyait le
retour impossible. Il courait aux
réunions ardentes où s'agitait la
question de la défense des accusés,
et après des discussions passionnées,
il revenait s'évanouir chez lui avant
dîner, quand on ne l'y apportait
pas évanoui déjà dans la voiture.
Mais alors c'était l'affaire de quelques instants de pâleur livide et
de sourds gémissements. Il se rani-
mait comme par un miracle de la
nature ou de la volonté, il revenait parler et rire avec nous; car,
au milieu de cette excitation et de
cet affaissement successifs, il se je-

tait dans la gaieté avec l'insouciance
et la candeur d'un enfant.

Tant de contrastes m'émouvaient
et m'arrachaient à moi-même. Je
m'attachais par le cœur à cette nature qui ne ressemblait à rien,
mais qui avait pour les moindres
soins, pour la moindre sollicitude,
des trésors de reconnaissance. Le
charme de sa parole me retenait
des heures entières, moi que la
parole fatigue extrêmement, et j'é-
tais dominée aussi par un vif désir
de partager cette passion politique,
cette foi au salut général, ces vivifiantes espérances d'une prochaine
rénovation sociale, qui semblaient

devoir transformer en apôtres même les plus humbles d'entre nous.

Mais j'avoue qu'après cette causerie du pont des Saints-Pères, et cette déclamation antisociale et anti-humaine dont il m'avait régalée, je me sentis tomber du ciel en terre, et que, haussant les épaules à mon réveil, je repris ma résolution de m'en aller chercher des fleurs et des papillons en Égypte ou en Perse.

Sans trop réfléchir ni m'émouvoir, j'obéis à l'instinct qui me poussait vers la solitude, et j'allai chercher mon passe-port pour l'étranger. En rentrant je trouvai

chez moi Éverard qui m'attendait :
« Qu'est-ce qu'il y a? s'écria-t-il.
Ce n'est pas la figure sereine que
je connais! — C'est une figure de
voyageur, lui répondis-je, et il y a
que je m'en vas décidément. Ne te
fâche pas; tu n'es pas de ceux avec
qui on est poli par hypocrisie de
convenance. J'ai assez de vos répu-
bliques. Vous en avez tous une qui
n'est pas la mienne et qui n'est
celle d'aucun des autres. Vous ne
ferez rien cette fois-ci. Je reviendrai vous applaudir et vous cou-
ronner dans un meilleur temps,
quand vous aurez usé vos utopies,
et rassemblé des idées saines. »

L'explication fut orageuse. Il me

8.

reprocha ma légèreté d'esprit et ma
sécheresse de cœur. Poussée à bout
par ses reproches, je me résumai.

Quelle était cette folle volonté de
dominer mes convictions et de
m'imposer celles d'autrui? Pourquoi,
comment, avait-il pu prendre à ce
point au pied de la lettre l'hommage que mon intelligence avait
rendu à la sienne en l'écoutant
sans discussion et en l'admirant
sans réserve? Cet hommage avait
été complet et sincère, mais il n'a-
vait pas pour conséquence possible
l'abandon absolu des idées, des instincts et des facultés de mon être.
Après tout, nous ne nous connais-
sions pas entièrement l'un l'autre,

et nous n'étions peut-être pas destinés à nous comprendre, étant venus de si loin l'un vers l'autre
pour discuter quelques articles de
foi dont il croyait avoir la solution.
Cette solution, il ne me l'avait pas
donnée, il ne l'avait pas. Je ne
pouvais pas lui en faire un reproche; mais lui, où prenait-il la fantaisie tyrannique de s'irriter de ma
résistance à ses théories comme
d'un tort envers lui-même?

« En m'entendant te parler comme
un élève attentif aux leçons d'un
maître, tu t'es cru mon père, lui
dis-je; tu m'as appelé ton fils bien-
aimé et ton Benjamin, tu as fait
de la poésie, de l'éloquence bibli-

que. Je t'ai écouté comme dans un
rêve dont la grandeur et la pureté
céleste charmeront toujours mes
souvenirs. Mais on ne peut pas
rêver toujours. La vie réelle ap-
pelle des conclusions sans lesquelles
on chante comme une lyre, sans
avancer le règne de Dieu et le
bonheur des hommes. Moi, je place
ce bonheur dans la sagesse plus
que dans l'action. Je ne veux rien,
je ne demande rien dans la vie,
que le moyen de croire en Dieu et
d'aimer mes semblables. J'étais malade, j'étais misanthrope; tu t'es fait
fort de me guérir; tu m'as beaucoup attendrie, j'en conviens. Tu
as combattu rudement mon mauvais orgueil, et tu m'as fait entre-

voir un idéal de fraternité qui a
fondu la glace de mon cœur. En
cela, tu as été véritablement chré-
tien, et tu m'as convertie par le
sentiment. Tu m'as fait pleurer de
grosses larmes, comme au temps
où je devenais dévote par un at-
tendrissement subit et imprévu de
ma rêverie. Je n'aurais pas retrouvé
en moi-même, après tant d'incerti-
tudes et de fatigues d'esprit, la
source de ces larmes vivifiantes.
Ton éloquence et ta persuasion ont
fait le miracle que je te demandais;
sois béni pour cela, et laisse-moi
partir sans regret. Laisse-moi aller
réfléchir maintenant aux choses
que vous cherchez ici, aux principes qui peuvent se formuler et

s'appliquer aux besoins de cœur et
d'esprit de tous les hommes. Et ne
me dis pas que vous les avez trou-
vés, que tu les tiens dans ta main;
cela n'est pas. Vous ne tenez rien,
vous cherchez! Tu es meilleur que
moi, mais tu n'en sais pas plus
que moi. »

Et comme il paraissait offensé de
ma franchise, je lui dis encore :

« Tu es un véritable artiste. Tu
ne vis que par le cœur et l'imagination. Ta magnifique parole est
un don qui t'entraîne fatalement à
la discussion. Ton esprit a besoin
d'imposer à ceux qui t'écoutent avec
ravissement des croyances que la

raison n'a pas encore mûries. C'est
là où la réalité me saisit et m'é-
loigne de toi. Je vois toute cette
poésie du cœur, toutes ces aspirations de l'âme aboutir à des so-
phismes, et voilà justement ce que
je ne voudrais pas entendre, ce que
je suis fâchée d'avoir entendu.
Écoute, mon pauvre père, nous
sommes fous. Les gens du monde
officiel, du monde positif, qui ne
voient de nous que des excentricités
de conduite et d'opinion, nous trai-
tent de rêveurs. Ils ont raison, ne
nous en fâchons pas. Acceptons ce
dédain. Ils ne comprennent pas que
nous vivions d'un désir et d'une espérance dont le but ne nous est
pas personnel. Ces gens-là sont fous

à leur manière; ils sont complète-
ment fous à nos yeux, eux qui
poursuivent des biens et des plai-
sirs que nous ne voudrions pas
toucher avec des pincettes. Tant que
durera le monde, il y aura des
fous occupés à regarder par terre
sans se douter qu'il y a un ciel
sur leurs têtes, et des fous qui, re-
gardant trop le ciel, ne tiendront
pas assez de compte de ceux qui ne
voient qu'à leurs pieds. Il y a donc
une sagesse qui manque à tous les
hommes, une sagesse qui doit embrasser la vue de l'infini et celle du
monde fini où nous sommes. Ne la
demandons pas aux fous du positi-
visme, mais ne prétendons pas la
leur donner avant de l'avoir trouvée.

» Cette sagesse-là, c'est celle dont
la politique ne peut se passer. Au-
trement vous ferez des coups de
tête et des coups de main pour
aboutir à des chimères ou à des
catastrophes. Je sens qu'en te parlant ainsi au milieu de ta fièvre
d'action, je ne peux pas te con-
vaincre; aussi je ne te parle que
pour te prouver mon droit de me
retirer de cette mêlée où je ne
peux porter aucune lumière, et où
je ne peux pas suivre la tienne, qui
est encore enveloppée de nuages
impénétrables. »

Quand j'eus tout dit, Éverard,
qui s'était calmé à grand'peine pour
tout entendre, reprit son énergie et

sa conviction. Il me donna des raisons devant lesquelles je me sentis
vaincue, et dont voici le résumé :

« Nul ne peut trouver la lumière
à lui tout seul. La vérité ne se
révèle plus aux penseurs retirés sur
la montagne. Elle ne se révèle
même plus à des cénacles détachés
comme des cloîtres sur les divers
sommets de la pensée. Elle s'y élu-
cubre, et rien de plus. Pour trouver, à l'heure dite, la vérité ap-
plicable aux sociétés en travail, il
faut se réunir, il faut peser toutes
les opinions, il faut se communi-
quer les uns aux autres, discuter et
se consulter, afin d'arriver, tant

bien que mal, à une formule qui
ne peut jamais être la vérité absolue, Dieu seul la possède, mais qui
est la meilleure expression possible
de l'aspiration des hommes à la
vérité. Voilà pourquoi j'ai la fièvre,
voilà pourquoi je m'assimile avec
ardeur toutes les idées qui me frap-
pent, voilà pourquoi je parle jusqu'à m'épuiser, jusqu'à divaguer,
parce que parler, c'est penser tout
haut et qu'en pensant ainsi tout
haut je vas plus vite qu'en pensant
tout bas et tout seul. Vous autres
qui m'écoutez, et toi tout le premier, qui écoutes plus attentivement
que personne, vous tenez trop de
compte des éclairs fugitifs qui tra-
versent mon cerveau. Vous ne

vous attachez pas assez à la nécessité de me suivre comme on suit
un guide dévoué et aventureux sur
un chemin dont il ne connaît pas
lui-même tous les détours, mais
dont sa vue perçante et son courage passionné ont su apercevoir
le but lointain. C'est à vous de
m'avertir des obstacles, à vous de
me ramener dans le sentier quand
l'imagination ou la curiosité m'em-
portent. Et cela fait, si vous vous
impatientez de mes écarts, si vous
vous lassez de suivre un pilote incertain de sa route, cherchez-en un
meilleur, mais ne le méprisez pas
pour n'avoir pas été un dieu, et
ne le maudissez pas pour vous avoir
montré des rives nouvelles condui-

sant plus ou moins à celle où vous
voulez aborder.

» Quant à toi, je te trouve exigeant et injuste, écolier sans cervelle! Tu ne sais rien, tu l'avoues,
et tu ne voulais rien apprendre,
tu l'as déclaré. Puis, tout à coup,
la fièvre de savoir s'étant emparée
de toi, tu as demandé du jour au
lendemain la science infuse, la vérité absolue. *Vite, vite, donnez le secret de Dieu à monsieur George
Sand qui ne veut pas attendre!*

» Eh bien, » — ajouta-t-il après un
feu roulant de ces plaisanteries sans
aigreur qu'il aimait à saisir comme
des mouches qu'on attrape en cou-

rant, — « moi je fais une découverte,
c'est que les âmes ont un sexe et
que tu es une femme. Croirais-tu
que je n'y avais pas encore pensé ?
En lisant *Lélia* et tes *premières Lettres d'un voyageur*, je t'ai toujours
vu sous l'aspect d'un jeune garçon,
d'un poëte enfant dont je faisais
mon fils, moi dont la profonde
douleur est de n'avoir pas d'enfants
et qui élève ceux du premier lit de
ma femme avec une tendresse mêlée de désespoir. Quand je t'ai vu
réellement pour la première fois,
j'ai été étonné comme si l'on ne
m'avait pas dit que tu t'habilles
d'une robe et que tu t'appelles d'un
nom de femme dans la vie réelle.
J'ai voulu garder mon rêve, t'ap-

peler George tout court, te tutoyer
comme on se tutoie sous les ombrages virgiliens, et ne te regarder
à la clarté de notre petit soleil que
le temps de savoir chaque jour
comment se porte ton moral. Et,
en vérité, je ne connais de toi que
le son de ta voix, qui est sourd et
qui ne me rappelle pas la flûte
mélodieuse d'une voix de femme.
Je t'ai donc toujours parlé comme à
un garçon qui a fait sa philosophie
et qui a lu l'histoire. A présent je
vois bien, et tu me le rappelles,
que tu as l'ambition et l'exigence
des esprits incultes, des êtres de
pur sentiment et de pure imagination, des femmes en un mot. Ton
sentiment est, je l'avoue, un impa-

XIX.   9

tient logicien qui veut que la
science philosophique réponde d'emblée à toutes ses fibres et satisfasse toutes ses délicatesses; mais la logique du sentiment pur n'est pas suffisante en politique, et tu demandes un impossible accord parfait entre les nécessités de l'action et les élans de la sensibilité. C'est là l'idéal, mais il est encore irréalisable sur la terre, et tu en conclus qu'il faut se croiser les bras en attendant qu'il arrive de lui-même.

» Croise donc tes bras et va-t'en! Certes, tu es libre de fait; mais ta conscience ne le serait pas si elle se connaissait bien elle-même. Je

n'ai pas le droit de te demander
ton affection. J'ai voulu te donner
la mienne. Tant pis pour moi; tu
ne me l'avais pas demandée, tu
n'en as pas besoin. Je ne te parlerai donc pas de moi, mais de toi-
même, et de quelque chose de
plus important que toi-même, le
devoir.

» Tu rêves une liberté de l'indi-
vidu qui ne peut se concilier avec
le devoir général. Tu as beaucoup
travaillé à conquérir cette liberté
pour toi-même. Tu l'as perdue
dans l'abandon du cœur à des af-
fections terrestres qui ne t'ont pas
satisfait, et à présent tu te reprends toi-même dans une vie

9.

d'austérité que j'approuve et que
j'aime, mais dont tu étends à tort
l'application à tous les actes de ta
volonté et de ton intelligence. Tu
te dis que ta personne t'appartient
et qu'il en est ainsi de ton âme.
Eh bien! voilà un sophisme pire
que tous ceux que tu me reproches et plus dangereux, puisque tu
es maître d'en faire la loi de ta
propre vie, tandis que les miens
ne peuvent se réaliser sans des
miracles. Songe à ceci que, si tous
les amants de la vérité absolue di-
saient comme toi adieu à leur
pays, à leurs frères, à leur tâche,
non-seulement la vérité absolue,
mais encore la vérité relative n'auraient plus un seul adepte. Car la

vérité ne monte pas en croupe des
fuyards et ne galope pas avec eux.
Elle n'est pas dans la solitude, rê-
veur que tu es! Elle ne parle pas
dans les plantes et dans les oi-
seaux, ou c'est d'une voix si mystérieuse que les hommes ne la
comprennent pas. Le divin philosophe que tu chéris le savait bien
quand il disait à ses disciples : « Là
où vous serez seulement trois réunis en mon nom, mon esprit sera
avec vous. »

» C'est donc avec les autres qu'il
faut chercher et prier. Si peu que
l'on trouve en s'unissant à quelques autres, c'est quelque chose de
réel, et ce qu'on croit trouver seul

n'existe que pour soi seul, n'existe pas par conséquent. Va-t'en donc à la recherche, à la poursuite du néant; moi, je me consolerai de ton départ avec la certitude d'être, en dépit des erreurs d'autrui et des miennes propres, à la recherche et à la poursuite de quelque chose de bon et de vrai. »

Ayant tout dit, il sortit, un peu sans que j'y fisse attention, car j'étais absorbée par mes propres réflexions sur tout ce qu'il venait de dire, en des termes dont la plume ne peut donner qu'une sèche analyse.

Quand je voulus lui répondre,

pensant qu'il était dans la pièce
voisine, où il se retirait quelquefois pour faire, tout à coup brisé,
une sieste de cinq minutes, je m'a-
perçus qu'il était parti tout à fait
et qu'il m'avait enfermée. Je cher-
chai la clef partout, il l'avait mise
dans sa poche, et j'avais donné
congé pour le reste de la journée
à la femme qui me servait et qui
avait la seconde clef de l'appartement. J'attribuai ma captivité à une
distraction d'Éverard, et je me re-
mis à réfléchir tranquillement. Au
bout de trois heures il revint me
délivrer, et comme je lui signalais
sa distraction : « Non pas, me dit-
il en riant, je l'ai fait exprès. J'é-
tais attendu à une réunion, et,

voyant que je ne t'avais pas encore
convaincu, je t'ai mis au secret,
afin de te donner le temps de la
réflexion. J'avais peur d'un coup de
tête et de ne plus te retrouver à
Paris ce soir. A présent que tu as
réfléchi, voilà ta clef, la clef des
champs! Dois-je te dire adieu et aller dîner sans toi?

» — Non, lui répondis-je, j'avais
tort; je reste. Allons dîner et chercher quelque chose de mieux que
Babeuf pour notre nourriture intellectuelle. »

J'ai rapporté cette longue conversation parce qu'elle raconte ma vie
et celle de la vie d'un certain nom-

bre de révolutionnaires à ce moment donné. Pendant cette phase
du procès d'avril, le travail d'élu-
cubration était partout dans nos
rangs, parfois savant et profond,
parfois naïf et sauvage. Quand on
s'y reporte par le souvenir, on est
étonné du progrès qu'ont fait les
idées en si peu de temps, et moins
effrayé par conséquent du progrès
énorme qui reste à faire.

Le véritable foyer de cette élu-
cubration sociale et philosophique
était dans les prisons d'État. « Alors, »
dit Louis Blanc, cet admirable historien de nos propres émotions,
qu'on ne peut trop citer : « alors
» on vit ces hommes sur qui pe-

» sait la menace d'un arrêt terri-
» ble s'élever soudain au-dessus du
» péril et de leurs passions pour
» se livrer à l'étude des plus arides
» problèmes. Le comité de défense
» parisien avait commencé par dis-
» tribuer entre les membres les plus
» capables du parti les principales
» branches de la science de gou-
» verner, assignant à l'un la partie
» philosophique et religieuse, à l'au-
» tre la partie administrative, à ce-
» lui-ci l'économie politique, à ce-
» lui-là les arts. Ce fut pour tous
» le sujet des plus courageuses mé-
» ditations, des recherches les plus
» passionnées. Mais tous, dans cette
» course intellectuelle, n'étaient pas
» destinés à suivre la même car-

» rière. Des dissidences théoriques
» se manifestèrent, des discussions
» brûlantes s'élevèrent. Par le corps,
» les captifs appartenaient au geô-
» lier, mais d'un vol indomptable
» et libre, leur esprit parcourait le
» domaine sans limites de la pen-
» sée. Du fond de leurs cachots ils
» s'inquiétaient de l'avenir des peu-
» ples, ils s'entretenaient avec Dieu;
» et, placés sur la route de l'écha-
» faud, ils s'exaltaient, ils s'enivraient
» d'espérance, comme s'ils eussent
» marché à la conquête du monde.
» Spectacle touchant et singulier,
» dont il convient de conserver le
» souvenir à jamais!

» Que des préoccupations sans

» grandeur se soient mêlées à ce
» mouvement, que l'émulation ait
» quelquefois fait place à des ri-
» valités frivoles ou haineuses, que
» des esprits trop faibles pour s'é-
» lever impunément se soient per-
» dus dans le pays des rêves, on
» ne peut le nier; mais ces résul-
» tats trop inévitables des infirmi-
» tés de la nature humaine ne suf-
» fisent pas pour enlever au fait
» général que nous venons de si-
» gnaler ce qu'il présente de solen-
» nel et d'imposant[1]. »

Si l'on veut juger le procès d'a-
vril et tous les faits qui s'y ratta-

[1] *Histoire de dix ans*, volume IV.

chent d'une manière juste, élevée
et vraiment philosophique, il faut
relire tout ce chapitre si court et
si plein de l'*Histoire de dix ans*. Les
hommes et les choses y sont jugés
non-seulement avec la connaissance
exacte d'un passé que l'historien n'a
jamais le droit d'arranger et d'at-
ténuer, mais avec la haute équité
d'un grand et généreux esprit qui
fixe et précise la vérité morale,
c'est-à-dire la suprême vérité de
l'histoire au milieu des contradictions apparentes des événements et
des hommes qui les subissent.

Je ne raconterai pas ces événements. Cela serait tout à fait inutile; ils sont enregistrés là d'une

manière si conforme à mon sentiment, à mon souvenir, à ma conscience et à ma propre expérience,
que je ne saurais y rien ajouter.

Acteur perdu et ignoré, mais vivant et palpitant dans ce drame, je
ne suis ici que le biographe d'un
homme qui y joua un rôle actif,
et, faut-il le dire? problématique en
apparence, parce que l'homme était
incertain, impressionnable et moins
politique qu'artiste.

On sait qu'un grand débat s'était
élevé entre les *défenseurs* : débat
ardent, insoluble sous la pression
des actes précipités de la pairie. Une
partie des accusés s'entendait avec

ses *défenseurs* pour n'être pas *défendue*. Il ne s'agissait pas de gagner
le procès judiciaire et de se faire
absoudre par le pouvoir; il s'agissait de faire triompher la cause générale dans l'opinion en plaidant
avec énergie le droit sacré du peuple devant le pouvoir de fait, le
droit du plus fort. Une autre caté-
gorie d'accusés, celle de Lyon, voulait être défendue, non pas pour
proclamer sa non-participation au
fait dont on l'accusait, mais pour
apprendre à la France ce qui s'é-
tait passé à Lyon, de quelle façon
l'autorité avait provoqué le peuple,
de quelle façon elle avait traité les
vaincus, de quelle façon les accusés
eux-mêmes avaient fait ce qui était

humainement possible pour préve-
nir la guerre civile et pour en en-
noblir et en adoucir les cruels résultats. Il s'agissait de savoir si
l'autorité avait eu le droit de prendre quelques provocations isolées,
on disait même payées, pour une
rébellion à réprimer, et pour ruer
une armée sur une population sans
défense. On avait des faits, on voulait les dire, et, selon moi, la véritable cause était là. On était assez
fort pour plaider la cause du peuple trahi et mutilé, on ne l'était
pas assez pour proclamer celle du
genre humain affranchi.

J'étais donc dans les idées de
M. Jules Favre, qui se trouvait

posé dans les conciliabules en adversaire d'Éverard, et qui était un
adversaire digne de lui. Je ne connaissais pas Jules Favre, je ne l'a-
vais jamais vu, jamais entendu; mais
lorsque Éverard, après avoir combattu ses arguments avec véhé-
mence, venait me les rapporter, je
leur donnais raison. Éverard sentait
bien que ce n'était pas par envie
de le contredire et de l'irriter; mais
il en était affligé, et devinant bien
que je redoutais l'exposé public de
ses utopies, il s'écriait : « Ah! mau-
dits soient le pont des Saints-Pères
et la question sociale! »

CHAPITRE NEUVIÈME.

10.

Cependant il s'agissait surtout de soutenir le courage de certains accusés, en petit nombre heureusement, qui menaçaient de faiblir. J'étais bien d'accord avec Éverard sur ce point, que, quel que fût le résultat d'une division dans les

motifs et les idées des défenseurs,
il fallait que la crainte et la lassi-
tude ne parussent pas, même chez
quelques accusés. Il me fit rédiger
la lettre, la fameuse lettre qui devait donner au procès monstre une
nouvelle extension. C'était son but,
à lui, de rendre inextricable le système d'accusation. L'idée souriait
par moments à Armand Carrel; en
d'autres, elle alarmait sa prudence.
Mais Éverard la poussa rapidement,
et lui, que l'on pouvait supposer
parfois si méfiant du lendemain,
c'est tout au plus s'il prit le temps
de la réflexion. Il trouva ma rédaction trop sentimentale et la
changea. « Il n'est pas question de
» soutenir la foi chancelante par

» des homélies, me dit-il; les
» hommes ne donnent pas tant de
» part à l'idéal. C'est par l'indigna-
» tion et la colère qu'on les ra-
» nime. Je veux attaquer violem-
» ment la pairie pour exalter les
» accusés; je veux d'ailleurs mettre
» en cause tout le barreau républi-
» cain. » Je lui fis observer que le
barreau républicain signerait ma
rédaction et reculerait devant la
sienne. « Il faudra bien que tous
signent, répondit-il, et s'ils ne le
font pas, on se passera d'eux. »

On se passa du grand nombre,
en effet, et ce fut une grande faute
que de provoquer les défections.
Toutes n'étaient pas si coupables

qu'elles le parurent à Éverard. Certains hommes étaient venus là sans vouloir une révolution de fait, espérant contribuer seulement à une révolution dans les idées, ne rêvant ni profit ni gloire, mais l'accomplissement d'un devoir dont toutes les conséquences ne leur avaient pas été soumises. J'en connais plusieurs qu'il me fut impossible de blâmer quand ils m'expliquèrent leurs motifs d'abstention.

On sait quelles conséquences eut la lettre. Elle fut fatale au parti en ce qu'elle y mit le désordre, elle fut fatale à Éverard en ce sens qu'elle donna lieu à un discours très-controversé dans les rangs de

son parti. Il avait, par un mouvement généreux, assumé sur lui toute
la responsabilité de cette pièce incriminée par la cour des pairs. Il
l'eût fait, quand même Trélat ne
lui eût pas donné l'exemple du sa-
crifice. Mais Trélat fit devant la
cour un acte d'hostilité héroïque,
tandis qu'Éverard sema de contrastes sa profession de foi devant
ce même tribunal. Laissons parler
Louis Blanc : « ..... Puis M. Michel
» (de Bourges) s'avance. On con-
» naissait déjà l'entraînement de sa
» parole, et tous attendaient, au
» milieu d'un solennel silence. Il
» commença d'une voix brève et
» profonde; à demi courbé sur la
» balustrade qui lui servait d'appui,

» tantôt il la faisait trembler sous
» la pression convulsive de ses
» mains; tantôt, d'un mouvement
» impétueux, il en parcourait l'é-
» tendue, semblable à ce Caïus
» Gracchus dont il fallait qu'un
» joueur de flûte modérât, lors-
» qu'il parlait, l'éloquence trop em-
» portée. M. Michel (de Bourges)
» cependant ne fut ni aussi hardi
» ni aussi terrible que M. Trélat.
» Il se défendit, ce que M. Trélat
» n'avait pas daigné faire, et les
» attaques qu'il dirigea contre la
» pairie ne furent pas tout à fait
» exemptes de ménagements. Tout
» en maintenant l'esprit de la lettre,
» il parut disposé à faire bon mar-
» ché des formes, et il reconnut

» qu'à en juger par ce qu'il voyait
» depuis trois jours, les pairs va-
» laient mieux que leur institution.
» Du reste, et pour ce qui concer-
» nait le fond même du procès, il
» fut inflexible. »

Je ne me permettrai de reprendre qu'un mot à cette excellente
appréciation. Selon moi, Éverard ne
se *défendit* pas, et je souffre encore
en m'imaginant que, s'il fit bon
marché des formes de sa provocation, ce fut peut-être sous l'impression de la critique que je lui avais
faite de ces mêmes formes. Je trouvais, moi, et je me permettais de
le lui dire, que la principale mala-
dresse de son parti était la rudesse

du langage et le ton acerbe des discussions. On revenait trop au voca-
bulaire des temps les plus aigris de
la révolution; on affectait de le
faire, sans songer qu'un choix d'ex-
pressions fort du cachet de son
temps paraît violent, par conséquent faible, à quarante ans de dis-
tance. J'admirais l'originalité de la
parole d'Éverard, précisément parce
qu'elle donnait une couleur, une
physionomie nouvelle à ces choses
du passé. Il sentait bien que là était
sa puissance, et il riait de tout son
cœur des vieilles formules et des
déclamations banales. Mais, en écrivant, il y retombait quelquefois sans
en avoir conscience, et quand je
le lui faisais remarquer, il en con-

venait modestement. Nous n'avions
pourtant pas été d'accord sur ce
point en rédigeant la lettre. Il avait
défendu et maintenu sa version;
mais depuis, en l'entendant blâmer
par d'autres, il s'en était dégoûté,
et l'artiste dominant, par bouffées,
l'homme de parti, il aurait voulu
qu'une pièce destinée à faire tant
de bruit fût un chef-d'œuvre de
goût et d'éloquence. Il est vrai que
s'il en eût été ainsi, on ne l'eût
pas incriminée et que son but n'eût
pas été atteint.

Comme il ne l'était pas davantage
par la situation isolée que lui faisaient les poursuites, il n'était plus
forcé rigoureusement de défendre

chaque expression de cette lettre.
Du moment qu'elle n'était plus
signée par un parti tout entier, elle
redevenait son œuvre personnelle,
et il crut peut-être de bon goût de
n'y pas tenir aveuglément.

Je n'ai pas entendu ce discours,
je n'étais qu'à la séance du 20 mai.
Rien n'est plus fugitif qu'un discours; et la sténographie, qui en
conserve les mots, n'en conserve
pas toujours l'esprit. Il faudrait pouvoir sténographier l'accent et pho-
tographier la physionomie de l'ora-
teur pour bien comprendre toutes
les nuances de sa pensée à chaque
crise de son improvisation. Éverard
ne préparait jamais rien en poli-

tique; il s'inspirait du moment, et,
sous le coup de l'exaltation ner-
veuse qui dominait son talent en
même temps qu'elle l'entretenait, il
n'était pas toujours maître de sa
parole. Ce ne fut pas la seule fois
qu'on lui reprocha l'imprévu de
sa pensée et qu'on la jugea plus
significative et plus concluante
qu'elle ne l'était dans son propre
esprit.

Quoi qu'il en soit, ce discours, à
la fin duquel il fut ramené chez
lui atteint d'une bronchite aiguë,
lui fit de nombreux détracteurs
parmi ses coreligionnaires. Éverard
avait blessé des croyances et des
amours-propres dans les discussions

orageuses au sein du parti. Il eut
contre lui des rancunes amères et
même des sévérités impartiales.
« Était-ce donc la peine, disait-on,
d'avoir combattu avec tant d'âpreté
l'opinion de ceux qui voulaient
adopter le système de la défense,
pour arriver à se défendre soi-
même, tout seul, d'un acte dont
l'intention était collective ? »

Mais n'était-ce pas précisément
parce que cette cause n'avait plus
de sens collectif qu'Éverard était
fatalement entraîné à en faire meilleur marché ? N'y avait-il pas quelque chose de naïf et de grand dans
la modestie qui lui faisait confesser
n'avoir aucun ressentiment, aucune

haine personnelle? Et sa péroraison
fut-elle timide, lorsqu'il s'écria :
« Si l'amende m'atteint, je mettrai
» ma fortune à la disposition du
» fisc, heureux de consacrer encore
» à la défense des accusés ce que
» j'ai pu gagner dans l'exercice de
» ma profession. Quant à la prison,
» je me rappelle le mot de cet
» autre républicain qui sut mourir
» à Utique : *J'aime mieux être en*
» *prison que de siéger ici, à côté*
» *de toi, César!* »

L'arrêt qui condamnait Trélat à
trois ans de prison et Michel à un
mois seulement servit de texte aux
commentaires hostiles. Michel fut
jaloux de la prison de Trélat et

non de l'honneur qui lui en revenait. Il chérissait ce noble caractère, et le parallèle qui fut établi
entre eux au désavantage de l'un
des deux ne diminua en rien la
tendresse et la vénération de celui-
ci pour l'autre. « Trélat est un
saint, disait Éverard, et je ne le
vaux pas. « Cela était vrai; mais, pour
le dire sincèrement en pareille circonstance, il fallait encore être
très-grand soi-même.

Éverard fut assez gravement malade. La preuve qu'il n'avait pas
été aussi agréable à la pairie que
quelques adversaires le prétendaient,
c'est que la pairie procéda très-

brutalement avec lui en le som-
mant de se faire écrouer mort ou
vif. Je réclamai pour lui, à son
insu, auprès de M. Pasquier, qui
voulut bien faire envoyer le médecin délégué d'office en ces sortes de
constatations.

Ce médecin procéda à l'interro-
gatoire d'Éverard d'une manière
blessante, feignant de prendre la
maladie pour une feinte et le re-
tard demandé par moi pour un
danger. Peu s'en fallut qu'Éverard
ne fît manquer l'objet de ma démarche, car, en voyant arriver le
médecin du pouvoir d'un air rogue,
il répondit brusquement qu'il n'était

11.

pas malade et refusa de se laisser
examiner. Pourtant j'obtins que le
pouls fût consulté, et la fièvre était
si réelle et si violente que l'Escu-
lape monarchique se radoucit aussitôt, honteux peut-être d'une in-
sulte toute gratuite et assez
inintelligente; car quel est le con-
damné à un mois de prison qui
préférerait la fuite? Je vis par ce
petit fait comment on provoquait
les républicains, même dans les circonstances légères, et je me fis
une idée du système adopté dans
les prisons pour exciter ces colères
et ces révoltes que le pouvoir semblait avide de faire naître afin d'a-
voir le plaisir de les châtier.

Dès qu'Éverard fut guéri, je partis pour Nohant avec ma fille. Je ne sais plus pour quel motif, la peine prononcée contre Éverard ne devait plus être subie qu'au mois de novembre suivant. Ce fut peut-être dans l'intérêt de ses clients que ce délai lui fut accordé.

Cette fois, mon séjour chez moi fut désagréable et même difficile. Il fallut m'armer de beaucoup de volonté pour ne pas aigrir la situation. Ma présence était positivement gênante. Mes amis souffrirent d'avoir à le constater, et ceux mêmes qui contribuaient à me gâter mon intérieur, mon frère et un autre, sentirent que la position n'était pas

tenable pour moi. Ils songèrent donc
à conseiller quelque arrangement.

Je recevais trois mille francs de
pension pour ma fille et pour moi.
C'était fort court, mon travail étant
encore peu lucratif et soumis d'ailleurs aux éventualités humaines, ne
fût-ce qu'à l'état de ma santé. Pourtant c'était possible à la condition
que, passant chez moi six mois sur
douze, je mettrais de côté quinze
cents francs par an pour payer l'é-
ducation de l'enfant. Si l'on me fermait ma porte, ma vie devenait
précaire, et la conscience de mon
mari ne pouvait pas, ne devait pas
être bien satisfaite.

Il le reconnaissait. Mon frère le pressait de me donner six mille francs par an. Il lui en serait resté à peu près dix en comptant son propre avoir. C'était de quoi vivre à Nohant, et y vivre seul, puisque tel était son désir. M. Dudevant s'était rendu à ce conseil; il avait donc promis de doubler ma pension; mais quand il avait été question de le faire, il m'avait déclaré être dans l'impossibilité de vivre à Nohant avec ce qui lui restait. Il fallut entrer dans quelques explications et me demander ma signature pour sortir d'embarras financiers qu'il s'était créés. Il avait mal employé une partie de son petit héritage, il ne l'avait plus. Il avait

acheté des terres qu'il ne pouvait
payer ; il était inquiet, chagrin.
Quand j'eus signé, les choses n'al-
lèrent pas mieux, selon lui. Il n'a-
vait pas résolu le problème qu'il
m'avait donné à résoudre quelques
années auparavant; ses dépenses ex-
cédaient nos revenus. La cave seule
en emportait une grosse part, et,
pour le reste, il était volé par des
domestiques trop autorisés à le
faire. Je constatai plusieurs fripon-
neries flagrantes, croyant lui rendre
service autant qu'à moi-même. Il
m'en sut mauvais gré. Comme Fré-
déric le Grand, il voulait être servi
par des pillards. Il me défendit de
me mêler de ses affaires, de criti-
quer sa gestion et de commander

à ses gens. Il me semblait que tout
cela était un peu à moi, puisqu'il
disait n'avoir plus rien à lui. Je me
résignai à garder le silence et à attendre qu'il ouvrît les yeux.

Cela ne tarda pas. Dans un jour
de dégoût de son entourage, il me
dit que Nohant le ruinait, qu'il y
éprouvait des chagrins personnels,
qu'il s'y ennuyait au milieu de ses
loisirs, et qu'il était prêt à m'en
laisser la jouissance et l'entretien.
Il voulait aller vivre à Paris ou
dans le Midi avec le reste de nos
revenus, qu'il évaluait alors à sept
mille francs. J'acceptai. Il rédigea
nos conventions, que je signai sans
discussion aucune; mais, dès le len-

demain, il m'en témoigna tant de
regret et de déplaisir que je partis
pour Paris en lui laissant le traité
déchiré et en remettant mon sort
à la providence des artistes, au
travail.

Ceci s'était passé au mois d'avril.
Mon voyage à Nohant en juin n'a-
méliora pas la position. M. Dudevant persistait à quitter Nohant.
Cette idée prenait plus de consistance
quand j'y retournais ; mais comme
elle était accompagnée de dépit, je
m'en allai encore sans rien exiger.

Éverard était retourné à Bourges.
Je vécus à Paris tout à fait cachée
pendant quelque temps. J'avais un

roman à faire, et comme je mou-
rais de chaud dans ma mansarde
du quai Malaquais, je trouvai moyen
de m'installer dans un atelier de
travail assez singulier. L'appartement
du rez-de-chaussée était en répara-
tion, et les réparations se trouvaient
suspendues, je ne sais plus pour
quel motif. Les vastes pièces de ce
beau local étaient encombrées de
pierres et de bois de travail; les
portes donnant sur le jardin avaient
été enlevées, et le jardin lui-même
fermé, désert et abandonné, attendait une métamorphose. J'eus donc
là une solitude complète, de l'ombrage, de l'air et de la fraîcheur.
Je fis de l'établi d'un menuisier un
bureau bien suffisant pour mon pe-

tit attirail, et j'y passai les journées
les plus tranquilles que j'aie peut-
être jamais pu saisir, car personne
au monde ne me savait là, que le
portier, qui m'avait confié la clef,
et ma femme de chambre, qui m'y
apportait mes lettres et mon déjeu-
ner. Je ne sortais de ma tanière
que pour aller voir mes enfants à
leurs pensions respectives. J'avais re-
mis Solange chez les demoiselles
Martin.

Je pense que tout le monde est,
comme moi, friand de ces rares et
courts instants où les choses exté-
rieures daignent s'arranger de manière à nous laisser un calme absolu relativement à elles. Le moindre

coin nous devient alors une prison
volontaire, et, quel qu'il soit, il se
pare à nos yeux de ce je ne sais
quoi de délicieux qui est comme le
sentiment de la conquête et de la
possession du temps, du silence et
de nous-mêmes. Tout m'appartenait
dans ces murs vides et dévastés, qui
bientôt allaient se couvrir de do-
rures et de soie, mais dont jamais
personne ne devait jouir à ma manière. Du moins je me disais que
les futurs occupants n'y retrouve-
raient peut-être jamais une heure
du loisir assuré et de la rêverie
complète que j'y goûtais chaque
jour, du matin à la nuit. Tout était
mien en ce lieu, les tas de plan-
ches qui me servaient de siéges et

de lits de repos, les araignées dili-
gentes qui établissaient leurs grandes toiles avec tant de science et
de prévision d'une corniche à l'autre; les souris mystérieusement oc-
cupées à je ne sais quelles recherches actives et minutieuses dans les
copeaux; les merles du jardin qui,
venus insolemment sur le seuil, me
regardaient, immobiles et méfiants
tout à coup, et terminaient leur
chant insoucieux et moqueur sur
une modulation bizarre, écourtée
par la crainte. J'y descendais quelquefois le soir, non plus pour écrire,
mais pour respirer et songer sur
les marches du perron. Le chardon
et le bouillon blanc avaient poussé
dans les pierres disjointes; les moi-

neaux, réveillés par ma présence,
frôlaient le feuillage des buissons
dans un silence agité, et les bruits
des voitures, les cris du dehors arrivant jusqu'à moi, me faisaient sentir davantage le prix de ma liberté
et la douceur de mon repos.

Quand mon roman fut fini, je
rouvris ma porte à mon petit groupe
d'amis. C'est à cette époque, je crois,
que je me liai avec Charles d'Aragon, un être excellent et du plus
noble caractère, puis avec M. Ar-
taud, un homme très-savant et parfaitement aimable. Mes autres amis
étaient républicains; et, malgré l'a-
gitation du moment, jamais aucune
discussion politique ne troubla le

bon accord et les douces relations
de la mansarde.

Un jour, une femme d'un grand
cœur, qui m'était chère, madame
Julie Beaune, vint me voir. « On
s'agite beaucoup dans Paris, me dit-
elle. On vient de tirer sur Louis-
Philippe. » C'était la machine Fieschi. Je fus très-inquiète; Maurice
était sorti avec Charles d'Aragon,
qui l'avait mené justement voir
passer le roi chez la comtesse de
Montijo. Je craignais qu'au retour
ils ne se trouvassent dans quelque
bagarre. J'allais y courir, quand
d'Aragon me ramena mon collé-
gien sain et sauf. Pendant que j'in-
terrogeais le premier sur l'événe-

ment, l'autre me parlait d'une charmante petite fille avec laquelle il
prétendait avoir parlé politique.
C'était la future impératrice des
Français. Ce mot d'enfant m'en rappelle un autre. Maurice, un an
plus tard, m'écrivait : « Montpen-
sier (le jeune prince était au collége Henri IV) m'a invité à son
bal, *malgré mes opinions politiques*. Je
m'y suis bien amusé. Il nous a tous
fait cracher avec lui sur la tête
des gardes nationaux . »

C'est dans le courant de cette

[1] En se livrant à ce divertissement, le petit
prince et ses jeunes invités étaient sur une galerie
au-dessous de laquelle passaient les bonnets à poil.

année-là que je m'approchai très-
humblement de deux des plus grandes intelligences de notre siècle,
M. Lamennais et M. Pierre Leroux. J'avais projeté de consacrer
un long chapitre de cet ouvrage à
chacun de ces hommes illustres;
mais les bornes de l'ouvrage ne
peuvent être reculées à mon gré, et
je ne voudrais pas écourter deux
sujets aussi vastes que ceux de leur
philosophie dans l'histoire et de leur
mission dans le monde des idées. Cet
ouvrage-ci est la préface étendue et
complète d'un livre qui paraîtra plus
tard, et où, n'ayant plus à raconter ma propre histoire dans son
développement minutieux et lent,
je pourrai aborder des individua-

lités plus importantes et plus intéressantes que la mienne propre.

Je me bornerai donc à esquisser
quelques traits des imposantes figures que j'ai rencontrées dans la période de mon existence contenue
dans ce livre et à dire l'impression
qu'elles firent sur moi.

J'allais alors cherchant la vérité
religieuse et la vérité sociale dans
une seule et même vérité. Grâce à
Éverard, j'avais compris que ces
deux vérités sont indivisibles et doi-
vent se compléter l'une par l'autre;
mais je ne voyais encore qu'un
épais brouillard faiblement doré par
la lumière qu'il voilait à mes yeux.

12.

Un jour, au milieu des péripéties
du procès monstre, Listz, qui était
reçu avec bonté par M. Lamennais,
le fit consentir à monter jusqu'à mon
grenier de poëte. L'enfant israélite
Puzzi, élève de Listz, musicien ensuite sous son vrai nom d'Herman,
aujourd'hui carme déchaussé sous le
nom de frère Augustin, les accom-
pagnait.

M. Lamennais, petit, maigre et souf-
freteux, n'avait qu'un faible souffle
de vie dans la poitrine. Mais quel
rayon dans sa tête! Son nez était
trop proéminent pour sa petite taille
et pour sa figure étroite. Sans ce
nez disproportionné, son visage eût
été beau. L'œil clair lançait des

flammes; le front droit et sillonné
de grands plis verticaux, indices
d'ardeur dans la volonté, la bouche
souriante et le masque mobile sous
une apparence de contraction austère, c'était une tête fortement
caractérisée pour la vie de renon-
cement, de contemplation et de pré-
dication.

Toute sa personne, ses manières
simples, ses mouvements brusques,
ses attitudes gauches, sa gaieté fran-
che, ses obstinations emportées, ses
soudaines bonhomies, tout en lui,
jusqu'à ses gros habits propres
mais pauvres, et à ses bas bleus,
sentait le cloarek breton.

Il ne fallait pas longtemps pour
être saisi de respect et d'affection
pour cette âme courageuse et can-
dide. Il se révélait tout de suite et
tout entier, brillant comme l'or et
simple comme la nature.

En ces premiers jours où je le
vis, il arrivait à Paris, et, malgré
tant de vicissitudes passées, malgré
plus d'un demi-siècle de douleurs,
il redébutait dans le monde politique avec toutes les illusions d'un
enfant sur l'avenir de la France.
Après une vie d'étude, de polémi-
que et de discussion, il allait quitter définitivement sa Bretagne pour
mourir sur la brèche, dans le tu-
multe des événements, et il com-

mençait sa campagne de glorieuse
misère par l'acceptation du titre de
défenseur des accusés d'avril.

C'était beau et brave. Il était
plein de foi, et il disait sa foi avec
netteté, avec clarté, avec chaleur;
sa parole était belle, sa déduction
vive, ses images rayonnantes; et
chaque fois qu'il se reposait dans
un des horizons qu'il a successive-
ment parcourus, il y était tout entier, passé, présent et avenir, tête
et cœur, corps et biens, avec une
candeur et une bravoure admirables. Il se résumait alors dans l'intimité avec un éclat que tempérait
un grand fonds d'enjouement naturel. Ceux qui, l'ayant rencontré

perdu dans ses rêveries, n'ont vu
de lui que son œil vert, quelquefois hagard, et son grand nez acéré
comme un glaive, ont eu peur de
lui et ont déclaré son aspect dia-
bolique. S'ils l'avaient regardé trois
minutes, s'ils avaient échangé avec
lui trois paroles, ils eussent compris qu'il fallait chérir cette bonté
tout en frissonnant devant cette
puissance, et qu'en lui tout était
versé à grandes doses, la colère et
la douceur, la douleur et la gaieté,
l'indignation et la mansuétude.

On l'a dit, et on l'a très-bien
dit[1] et compris, lorsqu'au lende-

---

[1] Ce grand homme si méconnu, si calomnié
durant sa vie, insulté jusque sur son lit de mort

main de sa mort, les esprits droits
et justes ont embrassé d'un coup

par les pamphlétaires, conduit à la fosse commune
sous l'œil des sergents de ville, comme si les
larmes du peuple eussent menacé de réveiller son
cadavre, ce prêtre du vrai Dieu, crucifié pendant
soixante ans, a été cependant enseveli avec honneur et vénération par les écrivains de la presse
sérieuse. Quand j'aurai, moi, l'honneur de lui
apporter un tribut plus complet que celui de ces
quelques pages, je ne dirai certes pas mieux
qu'il n'a été dit par M. Paulin Limayrac, et
avant lui, quelque temps avant la mort du maître,
par Alexandre Dumas. Ce chapitre des mémoires
de l'auteur d'*Antony* est à la fois excellent et
magnifique; il prouve que le génie peut toucher
à tout, et que le romancier fécond, le poëte dra-
matique et lyrique, le critique enjoué, l'artiste
plein de fantaisie et d'imprévu, tous les hommes
qui sont contenus dans Alexandre Dumas n'ont
pas empêché l'écrivain philosophique de se déve-

d'œil cette illustre carrière de travaux et de souffrances; la postérité
le dira à jamais, et ce sera une
gloire de l'avoir reconnu et pro-
clamé sur la tombe encore tiède
de Lamennais : ce grand penseur
a été, sinon parfaitement, du moins
admirablement logique avec lui-
même dans toutes ses phases de
développement. Ce que, dans des
heures de surprise, d'autres criti-
ques, sérieux d'ailleurs, mais placés
momentanément à un point de vue
trop étroit, ont appelé les évolu-
tions du génie n'a été chez lui
que le progrès divin d'une intelli-

lopper en lui et de faire sa preuve, à l'occasion,
avec une égale puissance.

gence éclose dans les liens des
croyances du passé et condamnée
par la Providence à les élargir et
à les briser, à travers mille angois-
ses, sous la pression d'une logique
plus puissante que celle des écoles,
la logique du sentiment.

Voilà ce qui me frappa et me
pénétra surtout quand je l'eus entendu se résumer en un quart
d'heure de naïve et sublime causerie. C'est en vain que Sainte-Beuve
avait essayé de me mettre en garde,
dans ses charmantes lettres et dans
ses spirituels entretiens, contre l'in-
conséquence de l'auteur de l'*Essai
sur l'indifférence*. Sainte-Beuve n'avait
pas alors dans l'esprit apparemment

la synthèse de son siècle. Il en
avait pourtant suivi la marche, et
il avait admiré le vol de Lamennais jusqu'aux protestations de l'*A-*
venir. En le voyant mettre le pied
dans la politique d'action, il fut
choqué de voir ce nom auguste
mêlé à tant de noms qui semblaient protester contre sa foi et
ses doctrines.

Sainte-Beuve démontrait et accusait le côté contradictoire de cette
marche avec son talent ordinaire;
mais, pour sentir que cette criti-
que-là ne portait que sur des ap-
parences, il suffirait de regarder en
face, des yeux de l'âme, et d'écouter avec le cœur l'ermite de la

Chenaie. On sentait spontanément
tout ce qu'il y avait de spontané
dans cette âme sincère, dans ce
cœur épris de justice et de vérité
jusqu'à la passion. Mélange de dog-
matisme absolu et de sensibilité
impétueuse, M. Lamennais ne sor-
tait jamais d'un monde exploré, par
la porte de l'orgueil, du caprice ou
de la curiosité. Non! Il en était
chassé par un élan suprême de tendresse froissée, de pitié ardente,
de charité indignée. Son cœur disait alors probablement à sa raison : Tu as cru être là dans le
vrai. Tu avais découvert ce sanctuaire, tu croyais y rester toujours.
Tu ne pressentais rien au delà, tu
avais fait ton siége, tiré les rideaux

et fermé la porte. Tu étais sincère,
et pour te fortifier dans ce que tu
croyais bon et définitif, comme dans
une citadelle, tu avais entassé sur
ton seuil tous les arguments de ta
science et de ta dialectique. —
Eh bien, tu t'étais trompée! car
voilà que des serpents habitaient
avec toi, à ton insu. Ils s'étaient
glissés, froids et muets, sous ton
autel, et voilà que, réchauffés, ils
sifflent et relèvent la tête. Fuyons,
ce lieu est maudit et la vérité y
serait profanée. Emportons nos la-
res, nos travaux, nos découvertes,
nos croyances; mais allons plus loin,
montons plus haut, suivons ces esprits qui s'élèvent en brisant leurs
fers; suivons-les pour leur bâtir un

autel nouveau, pour leur conserver
un idéal divin, tout en les aidant
à se débarrasser des liens qu'ils
traînent après eux et à se guérir
du venin qui les a souillés dans
les horreurs de cette prison. »

Et ils s'en allaient de compagnie,
ce grand cœur et cette généreuse
raison qui se cédaient toujours l'un
à l'autre. Ils construisaient ensemble
une nouvelle église, belle, savante,
étayée selon toutes les règles de la
philosophie. Et c'était merveille de
voir comment l'architecte inspiré
faisait plier la lettre de ses ancien-
nes croyances à l'esprit de sa
nouvelle révélation. Qu'y avait-il
de changé? Rien, selon lui. Je lui

ai entendu dire naïvement à diverses époques de sa vie : « Je défie qui
que ce soit de me prouver que je
ne suis pas catholique aussi ortho-
doxe aujourd'hui que je l'étais en
écrivant l'*Essai sur l'indifférence.* » Et
il avait raison pour son compte. Au
temps où il avait écrit ce livre, il n'a-
vait pas vu le *pape debout à côté du
czar bénissant les victimes.* S'il l'eût
vu, il eût protesté contre l'impuissance du pape, contre l'indifférence
de l'Église en matière de religion.
Qu'y avait-il de changé dans les
entrailles et dans la conscience du
croyant? Rien, en vérité. Il n'aban-
donnait jamais ses principes, mais
les conséquences fatales ou forcées
de ces principes.

Maintenant, dirons-nous qu'il y
avait en lui une réelle inconsé-
quence dans ses relations de tous
les jours, dans ses engouements,
dans sa crédulité, dans ses soudaines méfiances, dans ses retours
imprévus? Non, bien que nous
ayons quelquefois souffert de
sa facilité à subir l'influence pas-
sagère de certaines personnes qui
exploitaient son affection au profit
de leur vanité ou de leurs rancunes, nous ne dirons pas que ces
inconséquences furent réelles. Elles
ne partaient pas des entrailles de
son sentiment. Elles étaient à la
surface de son caractère, au degré
du thermomètre de sa frêle santé.
Nerveux et irascible, il se fâchait

souvent avant d'avoir réfléchi, et
son unique défaut était de croire
avec précipitation à des torts qu'il
ne prenait pas le temps de se faire
prouver. Mais j'avoue que, pour ma
part, bien qu'il m'en ait gratuite-
ment attribué quelques-uns, il ne
m'a jamais été possible de ressentir
la moindre irritation contre lui.
Faut-il tout dire? J'avais comme
une faiblesse maternelle pour ce
vieillard que je reconnaissais en
même temps pour un des pères de
mon église, pour une des vénérations
de mon âme. Par le génie et la
vertu qui rayonnaient en lui, il
était dans mon ciel, sur ma tête.
Par les infirmités de son tempé-
rament débile, par ses dépits, ses

bouderies, ses susceptibilités, il était
à mes yeux comme un enfant généreux, mais enfant à qui l'on doit
dire de temps en temps : « Prenez
garde, vous allez être injuste. Ou-
vrez donc les yeux ! »

Et quand j'applique à un tel
homme ce mot d'enfant, ce n'est
pas du haut de ma pauvre raison
que je le prononce, c'est du fond
de mon cœur attendri, fidèle et
plein d'amitié pour lui au delà de
la tombe. Qu'y a-t-il de plus touchant, en effet, que de voir un
homme de ce génie, de cette vertu
et de cette science ne pouvoir pas
entrer dans la maturité du caractère, grâce à une modestie incom-

13.

parable ? N'êtes-vous pas ému quand
vous voyez le lion de l'Atlas dominé et persuadé par le petit chien
compagnon de sa captivité? Lamennais semblait ignorer sa force, et je
crois qu'il ne se faisait aucune idée
de ce qu'il était pour ses contem-
porains et pour la postérité. Autant
il avait la notion de son devoir,
de sa mission, de son idéal, autant
il s'abusait sur l'importance de sa
vie intérieure et individuelle. Il la
croyait nulle et allait la livrant au
hasard des influences et des personnes du moment. Le moindre
cuistre eût pu l'émouvoir, l'irriter,
le troubler et, au besoin, lui persuader d'agir ou de s'abstenir dans
la sphère de ses goûts les plus purs

et de ses habitudes les plus mo-
destes. Il daignait répondre à tous,
consulter les derniers de tous, discuter avec eux, et parfois les écouter avec la naïve admiration d'un
écolier devant un maître.

Il résulta de cette touchante faiblesse, de cette humilité extrême,
quelques malentendus dont souffrirent ses vrais amis. Quant à moi,
ce n'est pas à ma personnalité que
la grande individualité de Lamennais s'est jamais heurtée, c'est à
mes tendances socialistes. Après
m'avoir poussée en avant, il a
trouvé que je marchais trop vite.
Moi, je trouvais qu'il marchait parfois trop lentement à mon gré.

Nous avions raison tous les deux à
notre point de vue ; moi, dans
mon petit nuage, comme lui dans
son grand soleil, car nous étions
égaux, j'ose le dire, en candeur et
en bonne volonté. Sur ce terrain-là,
Dieu admet tous les hommes à la
même communion.

Je ferai ailleurs l'histoire de mes
petites dissidences avec lui, non
plus pour me raconter, mais pour
le montrer, lui, sous un des as-
pects de sa rudesse apostolique,
soudainement tempérée par sa suprême équité et sa bonté charmante. Il me suffira de dire, quant
à présent, qu'il daigna d'abord, en
quelques entretiens très-courts, mais

très-pleins, m'ouvrir une méthode
de philosophie religieuse qui me fit
une grande impression et un grand
bien, en même temps que ses admirables écrits rendirent à mon
espérance la flamme prête à s'é-
teindre.

Je parlerai de M. Pierre Leroux
avec la même concision pour le
moment et pour le même motif,
c'est-à-dire que, pour n'en pas parler à demi, j'en parlerai très-peu
ici, et seulement par rapport à moi
dans le temps que je raconte.

C'était quelques semaines avant
ou après le procès d'avril. Planet
était à Paris, et, toujours préoccupé

de la question sociale, au milieu
des rires que son mot favori soule-
vait autour de lui, il me prenait à
part et me demandait, dans le sérieux de son esprit et dans la sincérité de son âme, de lui *résoudre
cette question*. Il voulait juger l'époque, les événements, les hommes,
Éverard lui-même, son maître chéri;
il voulait juger sa propre action,
ses propres instincts, savoir, en un
mot, *où il allait*.

Un jour que nous avions causé
longtemps ensemble, moi lui demandant précisément ce qu'il me
demandait, et tous deux reconnaissant que nous ne saisissions pas
bien le lien de la révolution faite

avec celle que nous voudrions faire,
il me vint une idée lumineuse. « J'ai
ouï dire à Sainte-Beuve, lui dis-je,
qu'il y avait deux hommes dont
l'intelligence supérieure avait creusé
et éclairé particulièrement ce problème dans une tendance qui ré-
pondait à mes aspirations et qui
calmerait mes doutes et mes inquié-
tudes. Ils se trouvent, par la force
des choses et par la loi du temps,
plus avancés que M. Lamennais,
parce qu'ils n'ont pas été retardés
comme lui par les empêchements
du catholicisme. Ils sont d'accord
sur les points essentiels de leur
croyance, et ils ont autour d'eux
une école de sympathies qui les
entretient dans l'ardeur de leurs

travaux. Ces deux hommes sont
Pierre Leroux et Jean Reynaud.
Quand Sainte-Beuve me voyait tour-
mentée des désespérances de *Lélia*,
il me disait de chercher vers eux
la lumière, et il m'a proposé de
m'amener ces savants médecins de
l'intelligence. Mais, moi, je n'ai
pas voulu, parce que je n'ai pas
osé : je suis trop ignorante pour
les comprendre, trop bornée pour
les juger, et trop timide pour leur
exposer mes doutes intérieurs. Cependant il se trouve que Pierre
Leroux est timide aussi, je l'ai vu,
et j'oserais davantage avec celui-là;
mais comment l'aborder, comment
le retenir quelques heures? Ne
va-t-il pas nous rire au nez comme

les autres, si nous lui *posons la question sociale?*

— Moi, je m'en charge, dit Planet, j'oserai fort bien, et si je le fais rire, peu m'importe, pourvu qu'il m'instruise. Écrivez-lui et demandez-lui pour moi, pour un meunier de vos amis, pour un bon paysan, le catéchisme du républicain en deux ou trois heures de conversation. J'espère que moi je ne l'intimiderai pas, et vous aurez l'air d'écouter par-dessus le marché. »

J'écrivis dans ce sens, et Pierre Leroux vint dîner avec nous deux dans la mansarde. Il fut d'abord fort gêné; il était trop fin pour

n'avoir pas deviné le piége innocent
que je lui avais tendu, et il balbu-
tia quelque temps avant de s'exprimer. Il n'est pas plus modeste que
M. Lamennais, il est timide; M. Lamennais ne l'était pas. Mais la bonhomie de Planet, ses questions sans
détour, son attention à écouter et
sa facilité à comprendre le mirent
à l'aise, et quand il eut un peu
tourné antour de la question,
comme il fait souvent quand il
parle, il arriva à cette grande clarté,
à ces vifs aperçus et à cette véritable éloquence qui jaillissent de
lui comme de grands éclairs d'un
nuage imposant. Nulle instruction
n'est plus précieuse que la sienne
quand on ne le tourmente pas trop

pour formuler ce qu'il ne croit pas
avoir suffisamment dégagé pour lui-
même. Il a la figure belle et douce,
l'œil pénétrant et pur, le sourire af-
fectueux, la voix sympathique et ce
langage de l'accent et de la physionomie, cet ensemble de chasteté et
de bonté vraies qui s'emparent de
la persuasion autant que la force
des raisonnements. Il était dès lors
le plus grand critique possible dans
la philosophie de l'histoire, et s'il
ne vous faisait pas bien nettement
entrevoir le but de sa philosophie
personnelle, du moins il faisait ap-
paraître le passé dans une si vive
lumière, et il en promenait une si
belle sur tous les chemins de l'avenir, qu'on se sentait arracher le

bandeau des yeux comme avec la
main.

Je ne sentis pas ma tête bien lu-
cide quand il nous parla de la *propriété des instruments de travail*, question qu'il roulait dans son esprit à
l'état de problème, et qu'il a éclair-
cie depuis dans ses écrits. La langue
philosophique avait trop d'arcanes
pour moi, et je ne saisissais pas
l'étendue des questions que les mots
peuvent embrasser; mais la logique
de la Providence m'apparut dans
ses discours, et c'était déjà beaucoup : c'était une assise jetée dans
le champ de mes réflexions. Je me
promis d'étudier l'histoire des hommes, mais je ne le fis pas, et ce

ne fut que plus tard que, grâce à
ce grand et noble esprit, je pus
saisir enfin quelques certitudes.

A cette première rencontre avec
lui, j'étais trop dérangée par la vie
extérieure. Il me fallait produire
sans repos, tirer de moi-même,
sans le secours d'aucune philosophie, des histoires de cœur, et cela
pour suffire à l'éducation de ma
fille, à mes devoirs envers les autres et envers moi-même. Je sentis
alors l'effroi de cette vie de travail dont j'avais accepté toutes les
responsabilités. Il ne m'était plus
permis de m'arrêter un instant, de
revoir mon œuvre, d'attendre l'inspiration, et j'avais des accès de

remords en songeant à tout ce
temps consacré à un travail frivole,
quand mon cerveau éprouvait le
besoin de se livrer à de salutaires
méditations. Les gens qui n'ont rien
à faire et qui voient les artistes
produire avec facilité sont volontiers surpris du peu d'heures, du
peu d'instants qu'ils peuvent se ré-
server à eux-mêmes. Ils ne savent
pas que cette gymnastique de l'imagination, quand elle n'altère pas la
santé, laisse du moins une excitation des nerfs, une obsession d'images et une langueur de l'âme qui
ne permettent pas de mener de
front un autre genre de travail.

Je prenais ma profession en grippe

dix fois par jour en entendant parler d'ouvrages sérieux que j'aurais
voulu lire, ou de choses que j'aurais voulu voir par moi-même. Et
puis, quand j'étais avec mes enfants,
j'aurais voulu ne vivre que pour
eux et avec eux. Et quand venaient
mes amis, je me reprochais de ne
pas les recevoir assez bien et d'être
parfois préoccupée au milieu d'eux.
Il me semblait que tout ce qui est
le vrai de la vie passait devant moi
comme un rêve, et que ce monde
imaginaire du roman s'appesantis-
sait sur moi comme une poignante
réalité.

C'est alors que je me pris à re-

gretter Nohant, dont je me bannis-
sais par faiblesse et qui se fermait
devant moi par ma faute. Pourquoi
avais-je déchiré le contrat qui m'as-
surait la moitié de mon revenu?
J'aurais pu au moins louer une petite maison non loin de la mienne et
m'y retirer avec ma fille une moitié de l'année, au temps des vacances de Maurice; je me serais reposée là, en face des mêmes horizons
qu'avaient contemplés mes premiers
regards, au milieu des amis de mon
enfance; j'aurais vu fumer les che-
minées de Nohant au-dessus des arbres plantés par ma grand'mère,
assez loin pour ne pas gêner ce
qui se passait maintenant sous leurs
ombrages, assez près pour me figu-

rer que je pouvais encore y aller
lire ou rêver en liberté.

Éverard, à qui je disais ma nos-
talgie et le dégoût que j'avais de
Paris, me conseillait de m'établir à
Bourges ou aux environs. J'y fis un
petit voyage. Un de ses amis, qui
s'absentait, me prêta sa maison, où
je passai seule quelques jours, en
compagnie de Lavater, que je trouvai dans la bibliothèque, et sur lequel je fis avec amour un petit
travail. Cette solitude au milieu
d'une ville morte, dans une maison
déserte pleine de poésie, me parut
délicieuse. Éverard, Planet et la
maîtresse de la maison, femme excellente et pleine de soins, venaient

14.

me voir une heure ou deux le soir;
puis je passais la moitié des nuits
seule dans un petit préau rempli de
fleurs, sous la lune brillante, savou-
rant ces belles senteurs de l'été et
cette sérénité salutaire qu'il me fallait conquérir à la pointe de l'épée.
D'un restaurant voisin, un homme
qui ne savait pas mon nom venait
m'apporter mes repas dans un panier que je recevais par le guichet
de la cour. J'étais encore une fois
oubliée du monde entier et plongée
dans l'oubli de ma propre vie
réelle.

Mais cette douce retraite ne pouvait pas durer. Je ne pouvais m'emparer de cette charmante maison,

la seule peut-être qui me convînt
dans toute la ville, par son isole-
ment dans un quartier silencieux et
par son caractère d'abandon uni à
un modeste confortable. D'ailleurs,
il m'y fallait mes enfants, et cette
claustration ne leur eût pas été
bonne. Dès que j'aurais mis le pied
dans une rue de Bourges, j'aurais
été signalée dans toute la ville, et
je n'acceptais pas l'idée d'une vie de
relations dans une ville de province. Je ne me doutais pas que je
touchais à une situation de ce genre et
que je m'en accommoderais fort bien.

Malgré les instances d'Éverard,
j'abandonnai l'idée de m'établir de
ce côté. Le pays me semblait af-

freux; une plaine plate, semée de
marécages et dépourvue d'arbres,
s'étend autour de la ville comme la
campagne de Rome. Il faut aller
loin pour trouver des forêts et des
eaux vives. Et puis, faut-il le dire?
Éverard, avec Planet, avec un ou
deux amis, était d'un commerce délicieux; tête à tête, il était trop
brillant, il me fatiguait. Il avait besoin d'un interlocuteur pour lui donner la réplique. Les autres s'en char-
geaient, moi je ne savais qu'écouter.
Quand nous étions seuls ensemble,
mon silence l'irritait, et il y voyait
une marque de méfiance ou d'indifférence pour ses idées et ses passions politiques. Son esprit dominateur le tourmentait étrangement

avec moi, dont l'esprit cède facilement à l'entraînement, mais échappe
à la domination. Avec lui surtout,
ma conscience se réservait instincti-
vement un sanctuaire inattaquable,
celui du détachement des choses de
ce monde en ce qu'elles ont de
vain et de tumultueux. Quand il
m'avait circonvenue dans un réseau
d'arguments à l'usage des hommes
d'action, tantôt pour me tracer d'excellentes lois de conduite, tantôt
pour me prouver des nécessités politiques qui me semblaient coupables ou puériles, j'étais forcée de
lui répondre, et comme la discussion n'est pas dans ma nature et
qu'il m'en coûte d'être en désaccord
avec ceux que j'aime, aussitôt que

j'en venais à parler bien et claire-
ment, ce qui m'étonnait moi-même
et me brisait comme si j'eusse parlé
dans l'effort d'un rêve, je voyais
avec effroi l'effet de mes paroles
sur lui. Elles l'impressionnaient trop,
elles le jetaient dans un profond
dégoût de sa propre existence, dans
le découragement de l'avenir et dans
les irrésolutions de la conscience.

Cela eût été bon à une nature
forte et par conséquent modérée :
cela était mauvais à une nature qui
n'était qu'ardente et qui passait rapidement d'un excès à l'autre. Il
s'écriait alors que j'avais l'inexorable
vérité pour moi, que j'étais plus
philosophe et plus éclairée que lui,

qu'il était un malheureux poëte toujours trompé par des chimères. Que
sais-je? Cette cervelle impressionnable, cet esprit naïf dans la modestie autant qu'il était sophistique et
impérieux dans l'orgueil, ne connaissait de terme moyen à aucune
chose. Il parlait de quitter sa carrière politique, sa profession, ses
affaires, et de se retirer dans sa
petite propriété pour lire des poë-
tes et des philosophes à l'ombre
des saules et au murmure de l'eau.

Il me fallait alors lui remonter
le moral, lui dire qu'il poussait ma
logique jusqu'à l'absurde, lui rappeler les belles et excellentes raisons
qu'il m'avait données pour me tirer

de ma propre apathie, raisons qui
m'avaient persuadée et depuis lesquelles je ne parlais plus sans respect de la mission révolutionnaire
et de l'œuvre démocratique.

Nous n'avions plus de querelles
sur le babouvisme. Il avait quitté
ce système pour en creuser un autre. Il relisait Montesquieu. Il était
modéré en politique pour le moment, car je l'ai toujours connu
sous l'influence d'une personne ou
d'un livre. Un peu plus tard, il lut
l'*Oberman* de Senancour, et parla
pendant trois mois de se retirer au
désert. Puis il eut des idées reli-
gieuses et rêva la vie monastique. Il
devint ensuite platonicien, puis aris-

totélicien; enfin, à l'époque où j'ai
perdu la trace de ses engouements,
il était revenu à Montesquieu.

Dans toutes ces phases d'enthousiasme ou de conviction, il était
grand poëte, grand raisonneur ou
grand artiste. Son esprit embrassait
et dépassait toutes choses. Excessif
dans l'activité comme dans l'abatte-
ment, il eut une période de stoï-
cisme où il nous prêchait la modé-
ration avec une énergie à la fois
touchante et comique.

On ne pouvait se lasser de l'entendre quand il se tenait dans l'enseignement des idées générales; mais
quand la discussion de ces idées lui

devenait personnelle, l'intimité avec
lui redevenait un orage : un bel
orage à coup sûr, plein de grandeur, de générosité et de sincérité,
mais qu'il n'était pas dans mes facultés de soutenir longtemps sans lassi-
tude. Cette agitation était sa vie;
comme l'aigle, il planait dans la tempête. C'eût été ma mort, à moi; j'étais
un oiseau de moindre envergure.

Il y avait surtout en lui quelque
chose à quoi je ne pouvais m'iden-
tifier, l'imprévu. Il me quittait le
soir dans des idées calmes et vraies,
il reparaissait le lendemain tout
transformé et comme furieux d'a-
voir été tranquillisé la veille. Alors
il se calomniait, il se déclarait am-

bitieux dans l'acception la plus
étroite du mot, il se moquait de
mes restrictions et cas de conscience, il parlait de vengeance politique, il s'attribuait des haines,
des rancunes, il se parait de toutes
sortes de travers et même de vices
de cœur qu'il n'avait pas et qu'il
n'aurait jamais pu se donner. Je
souriais et le laissais dire. Je regar-
dais cela comme un accès de fièvre
et de divagation qui m'ennuyait un
peu, mais dont la fin allait venir.
Elle venait toujours, et je remar-
quais avec étonnement une évolu-
tion soudaine et complète dans ses
idées, avec un oubli absolu de ce
qu'il venait de penser tout haut.
Cela était même inquiétant, et j'é-

tais forcée de constater ce que j'a-
vais déjà constaté ailleurs, c'est que
les plus beaux génies touchent parfois et comme fatalement à l'alié-
nation. Si Éverard n'avait pas été
voué à l'eau sucrée pour toute bois-
son, même pendant ses repas, main-
tes fois je l'aurais cru ivre.

J'étais déjà assez attachée à lui
pour supporter tout cela sans hu-
meur et pour le ménager dans ses
crises. L'amitié de la femme est,
en général, très-maternelle, et ce
sentiment a dominé ma vie plus
que je n'aurais voulu. J'avais soigné
Éverard à Paris dans une maladie
grave. Il avait beaucoup souffert, et
je l'avais vu à toute heure admi-

rable de douceur, de patience et
de reconnaissance pour les moindres soins. C'est là un lien qui im-
provise les grandes amitiés. Il avait
pour moi la plus touchante grati-
tude, et moi, je m'étais habituée à
le dorloter au moral. J'avais passé
avec Planet des nuits à son chevet,
à combattre la fièvre qui le tourmentait par des paroles amies qui
faisaient plus d'effet sur cette organisation tout intellectuelle que les
potions du médecin. J'avais raisonné
son délire, tranquillisé ses inquiétu-
des, écrit ses lettres, amené ses amis
autour de lui, écarté les contrariétés
qui pouvaient l'atteindre. Maurice,
dans ses jours de sortie, l'avait
soigné et choyé comme un aïeul. Il

adorait mes enfants et, d'instinct,
mes enfants le chérissaient.

C'étaient là de douces chaînes, et
la pureté de notre affection me les
rendait plus précieuses encore. Il
m'était assez indifférent, quant à
moi, que l'on pût se méprendre
sur la nature de nos relations;
nos amis la connaissaient, et leur
présence continuelle la sanctifiait
encore plus. Mais je m'étais flattée
en vain qu'un pacte tout fraternel
serait une condition de tranquil-
lité angélique. Éverard n'avait pas
la placidité de Rollinat. Pour être
chastes, ses sentiments n'étaient
point calmes. Il voulait posséder
l'âme exclusivement, et il était

aussi jaloux de cette possession que
le sont les amants et les époux de
posséder la personne. Cela consti-
tuait une sorte de tyrannie dont
on avait beau rire, il fallait la subir ou s'en défendre.

Je passai trois ans à faire alter-
nativement l'un et l'autre. Ma raison
se préserva toujours de son influence quand cette influence était
déraisonnable, mais mon cœur subit le poids et le charme de son
amitié, tantôt avec joie, tantôt avec
amertume. Le sien avait des trésors
de bonté dont on se sentait heureux et fier d'être l'objet; son caractère était toujours généreux et
incapable de descendre aux peti-

tesses de détail; mais son cerveau
avait des bourrasques dont on souf-
frait cruellement en le voyant souffrir et en reconnaissant l'impossibilité de lui en épargner la souffrance.

Pour n'avoir pas à trop revenir
sur une situation qui se renouvela
souvent pendant ces trois années,
et encore au delà, quoique de moins
en moins, je veux résumer en peu
de mots le sujet de nos dissidences. Éverard, au milieu de ses flot-
tements tumultueux et de ses cata-
ractes d'idées opposées, nourrissait
le ver rongeur de l'ambition. On a
dit qu'il aimait l'argent et l'influence. Je n'ai jamais vu d'étroi-
tesse ni de laideur dans ses in-

stincts. Quand il se tourmentait
d'une perte d'argent, ou quand il
se réjouissait d'un succès de ce
genre, c'était avec l'émotion légitime d'un malade courageux qui
craint la cessation de ses forces,
de son travail, de l'accomplissement
de ses devoirs. Pauvre et endetté,
il avait épousé une femme riche.
Si ce n'était pas un tort, c'était
un malheur. Cette femme avait des
enfants, et la pensée de les dé-
pouiller pour ses besoins personnels était odieuse à Éverard. Il
avait soif de faire fortune, non-seulement afin de ne jamais tomber à
leur charge, mais encore, par un
sentiment de tendresse et de fierté
très-concevable, afin de les laisser

15.

plus riches qu'il ne les avait trou-
vés en les adoptant.

Son âpreté au travail, ses soucis
devant une dette, sa sollicitude
dans le placement des fonds acquis
à la sueur de son visage, avaient
donc un motif sérieux et pressant.
Ce n'est pas du tout là ce qu'on
pouvait lui imputer à ambition :
mais quand un homme se dévoue
à un rôle politique, il faut qu'il
puisse sacrifier sa fortune, et celui
qui ne le peut pas est toujours accusé de ne pas le vouloir.

La convoitise d'Éverard était d'une
nature plus élevée. Il avait soif de
pouvoir. Pourquoi? Cela serait im-

possible à dire. C'était un appétit de
son organisation, et rien de plus. Il
n'était ni prodigue, ni vaniteux, ni
vindicatif, et dans le pouvoir il ne
voyait que le besoin d'agir et le
plaisir de commander. Il n'eût jamais
su s'en servir. Dès qu'il avait une carrière d'activité ouverte, il ressentait
l'accablement et le dégoût de sa
tâche. Dès qu'il était obéi aveuglément, il prenait ses séides en pitié.
Enfin, en toutes choses, dès qu'il
atteignait au but poursuivi avec ardeur, il le trouvait au-dessous de
ses aspirations.

Mais il se plaisait dans les
préoccupations de l'homme d'État.
Habile au premier chef dans la

science des affaires, puissant dans
l'intuition de celles qu'il n'avait pas
étudiées, prompt à s'assimiler les
notions les plus diverses, doué
d'une mémoire aussi étonnante que
celle de Pierre Leroux, invincible
dans la déduction et le raisonnement des choses de fait, il sentait
ses brillantes facultés le prendre à
la gorge et l'étouffer par leur inac-
tion. La monotonie de sa profession
l'exaspérait, en même temps que
l'assujettissement de cette fatigue
achevait de ruiner sa santé. Il rêvait donc une révolution comme
les béats rêvent le ciel, et il ne
se disait pas qu'en se laissant dé-
vorer par cette aspiration il usait
son âme et la rendait incapable de

se gouverner elle-même dans de
moindres périls et de moindres la-
beurs.

C'est cette ambition fatale que
j'essayai en vain d'engourdir et de
calmer. Elle avait son beau côté
sans doute, et si le destin l'eût se-
condée, elle se fût épurée au creu-
set de l'expérience et au foyer de
l'inspiration; mais elle retomba sur
elle-même sans trouver l'aliment
qui convenait à son heure, et il
fut dévoré par elle sans profit
marqué pour la cause révolutionnaire.

Il a passé sur la terre comme
une âme éperdue, chassée de

quelque monde supérieur, vaine-
ment avide de quelque grande existence
tence appropriée à son grand désir.
Il a dédaigné la part de gloire qui
lui était comptée, et qui eût enivré
bien d'autres. L'emploi borné d'un
talent immense n'a pas suffi à son
vaste rêve. Cela est bien pardon-
nable, nous le lui pardonnons tous;
mais nous ne pouvons nous empêcher de regretter l'impuissance de
nos efforts pour le retenir plus
longtemps parmi nous.

D'ailleurs, ce n'était pas seulement
au point de vue de son repos et
de sa santé que je m'attachais à lui
faire prendre patience. C'était en

vue de son propre idéal de justice
et de sagesse, qui me semblait
compromis dans la lutte de ses
instincts avec ses principes. En
même temps qu'Éverard concevait
un monde renouvelé par le progrès
moral du genre humain, il acceptait en théorie ce qu'il appelait les
nécessités de la politique pure, les
ruses, le charlatanisme, le men-
songe même, les concessions sans
sincérité, les alliances sans foi, les
promesses vaines. Il était encore de
ceux qui disent que qui veut la fin
veut les moyens! Je pense qu'il ne
réglait jamais sa conduite personnelle sur ces déplorables errements
de l'esprit de parti, mais j'étais
affligée de les lui voir admettre

comme pardonnables, ou seulement
inévitables.

Plus tard, la dissidence se creusa
et porta sur l'idéal même. J'étais
devenue socialiste, Éverard ne l'était
plus.

Ses idées subirent encore des modifications après la révolution de
février, qui l'avait intempestivement
surpris dans une phase de modéra-
tion un peu dictatoriale. Ce n'est
pas le moment de compléter son
histoire, trop tôt suspendue par une
mort prématurée. Il faut que je
revienne au récit de mes propres
vicissitudes.

Je quittai donc Bourges attristée

de ses agitations, partagée entre le besoin de les fuir et le regret de le laisser dans la tourmente; mais mon devoir m'appelait ailleurs, et il le reconnaissait.

CHAPITRE DIXIÈME.

J

Ret

rest

dev

ren

pou

étra

Je ne savais trop que devenir.
Retourner à Paris m'était odieux,
rester loin de mes enfants m'était
devenu impossible. Depuis que j'avais
renoncé au projet de les quitter
pour un grand voyage, chose
étrange, je n'aurais plus voulu les

quitter d'un jour. Mes entrailles,
engourdies par le chagrin, s'étaient
réveillées en même temps que mon
esprit s'était ouvert aux idées socia-
les. Je sentais revenir ma santé
morale et j'avais la perception des
vrais besoins de mon cœur.

Mais à Paris je ne pouvais plus
travailler, j'étais malade. Les ou-
vriers avaient repris possession du
rez-de-chaussée, les importuns et
les curieux venaient disputer mes
heures à mes amis et à mes devoirs. La politique, tendue de nouveau par l'attentat Fieschi, devenait
une source amère pour la réflexion.
On exploitait l'assassinat, on arrê-
tait Armand Carrel, un des

hommes les plus purs de notre
temps; on marchait à grands pas
vers les lois de septembre. Le
peuple laissait faire.

Je n'avais pas conçu de grandes
espérances pendant le procès d'avril;
mais, si raisonnable ou si pessi-
miste que l'on fût, à ce moment-là,
il y avait dans l'air je ne sais
quel souffle de vie qui retombait
soudainement glacé sous un souffle
de mort. La république fuyait à
l'horizon pour une nouvelle période
d'années.

M. Lamennais m'avait invitée à
aller passer quelques jours à la

Chenaie; je partis et m'arrêtai en
route, en me demandant ce que
j'allais faire là, moi si gauche, si
muette, si ennuyeuse! Oser lui demander une heure de son temps
précieux, c'était déjà beaucoup, et
à Paris il m'en avait accordé
quelques-unes; mais aller lui prendre des jours entiers, c'est ce que
je n'osai pas accepter. J'eus tort, je
ne le connaissais pas dans toute sa
bonté, dans toute sa bonhomie,
comme je l'ai connu plus tard. Je
craignais la tension soutenue d'un
grand esprit que je n'aurais pas pu
suivre, et le moindre de ses disciples eût été plus fort que moi pour
soutenir un dialogue sérieux. Je ne
savais pas qu'il aimait à se reposer

dans l'intimité des travaux ardus
de l'intelligence. Personne ne cau-
sait avec autant d'abandon et d'en-
train de tout ce qui est à la portée
de tous. Il n'était pas difficile d'ailleurs, l'excellent homme, sur l'esprit de ses interlocuteurs. On
l'amusait avec un rien. Une niaiserie, un enfantillage le faisaient
rire. Et comme il riait! Il riait
comme Éverard, jusqu'à en être
malade, mais plus souvent et plus
facilement que lui. Il a écrit quelque
part que les pleurs sont le lot des
anges et le rire celui de Satan.
L'idée est belle là où elle est, mais
dans la vie humaine le rire d'un
homme de bien est comme le chant
de sa conscience. Les personnes

16.

vraiment gaies sont toujours bonnes,
et il en était justement la preuve.

Je n'allai donc pas à la Chenaie. Je revins sur mes pas, je ren-
trai à Paris, et j'y reçus une lettre
de mon frère qui me disait d'aller
à Nohant. Il prenait alors mon
parti et se faisait fort de décider
mon mari à m'abandonner sans regret l'habitation et le revenu de ma
terre. « Casimir, disait-il, est dégoûté
des ennuis de la propriété et des
dépenses que celle-là exige. Il n'y
sait pas suffire. Toi, avec ton travail, tu pourrais t'en tirer. Il veut
aller vivre à Paris ou chez sa belle-
mère dans le Midi; il se trouvera
plus riche avec la moitié de vos

revenus et la vie de garçon, qu'il
ne l'est dans ton château, ... » etc.
Mon frère, qui prit plus tard le
parti de mon mari contre moi,
s'exprimait là avec beaucoup de liberté et de sévérité sur la situation
de Nohant en mon absence. « Tu
ne dois pas abandonner ainsi tes
intérêts, ajoutait-il, c'est un tort envers tes enfants, » etc.

A cette époque mon frère n'habitait plus Nohant, mais il faisait
de fréquents voyages au pays.

Je crus devoir suivre son conseil,
et je trouvai en effet M. Dudevant
disposé à quitter le Berry et à me
laisser les charges et les profits de

la résidence. En même temps qu'il
prenait cette résolution il me témoi-
gnait tant de dépit, que je n'insistai
pas et m'en allai encore une fois,
n'ayant pas le courage d'entamer
une lutte pour de l'argent. Cette
lutte devint nécessaire, inévitable
quelques semaines plus tard. Elle
eut des motifs plus sérieux, elle
devint un devoir envers mes enfants d'abord, ensuite envers mes
amis et mon entourage, et peut-
être aussi envers la mémoire de ma
grand'mère, dont l'éternelle préoccupation et les dernières volontés
se trouvaient trop ouvertement vio-
lées aux lieux mêmes qu'elle m'avait
transmis pour abriter et protéger
ma vie.

Le 19 octobre 1835, j'avais été passer à Nohant la fin des vacances de Maurice. A la suite d'un orage que rien n'avait provoqué, rien absolument, pas même une parole ou un sourire de ma part, j'allai m'enfermer dans ma petite chambre. Maurice m'y suivit en pleurant. Je le calmai en lui disant que cela ne recommencerait pas. Il se paya des consolations que l'on donne aux enfants en paroles vagues; mais, dans ma pensée, les miennes avaient un sens arrêté et définitif. Je ne voulais pas que mes enfants vissent jamais se renouveler la preuve de dissentiments qu'ils avaient ignorés jusque-là. Je ne voulais pas que ces dissentiments eussent pour consé-

quence de leur faire oublier ce
qu'ils devaient de respect à leur
père ou à moi.

Quelques jours auparavant, mon
mari avait signé un acte sous seing
privé exécutable à la date du 11 novembre suivant, par lequel je lui
abandonnais plus de la moitié de
mes revenus. Cet acte, qui me laissait l'habitation de Nohant et la
gouverne de ma fille, ne me ga-
rantissait en rien contre le revire-
ment de sa volonté. Sa manière
d'être et ses paroles sans détour me
prouvaient qu'il considérait comme
nulles les promesses deux fois faites
et deux fois signées. C'était son
droit, le mariage le veut ainsi, dans

notre législation l'époux étant le
maître; or, le maître n'est jamais
engagé envers celui qui n'est maître
de rien.

Quand Maurice fut couché et endormi, Duteil vint près de moi s'en-
quérir de la disposition de mon
esprit. Il blâmait ouvertement celle
qui s'était trahie chez mon mari. Il
voulait amener une réconciliation
à laquelle tous deux se refusèrent.
Je le remerciai de son intervention,
mais je ne lui fis point part de la
résolution que je venais de prendre.
Il me fallait l'avis de Rollinat.

Je passai la nuit à réfléchir. En
ce moment où je sentais la pléni-

tude de mes droits, mes devoirs
m'apparaissent dans toute leur rigueur. J'avais tardé bien longtemps,
j'avais été bien faible et bien in-
soucieuse de mon propre sort. Tant
que ce n'avait été qu'une question
personnelle dont mes enfants ne
pouvaient souffrir dans leur éducation morale, j'avais cru pouvoir me
sacrifier et me permettre la satis-
faction intérieure de laisser tranquille un homme que je n'étais
pas née pour rendre heureux selon ses goûts. Pendant treize ans il
avait joui du bien-être qui m'appartenait et dont je m'étais abste-
nue pour lui complaire. J'aurais
voulu le lui laisser toute sa vie; il
aurait pu le conserver. La veille

encore, le voyant soucieux, je lui
avais dit : « Vous regrettez Nohant,
je le vois bien, malgré le dégoût
que vous avez pris de votre gestion. Eh bien, tout n'est-il pas pour
le mieux, puisque je vous en dé-
barrasse? Croyez-vous que la porte
du logis vous sera jamais fermée?»
Il m'avait répondu : « Je ne remet-
trai jamais les pieds dans une maison dont je ne serai pas le seul
maître. » Et dès le lendemain il
avait voulu être pour jamais le seul
maître.

Il ne pouvait plus, il ne devait
plus m'inspirer de sécurité. J'étais
sans ressentiment contre lui, je le
voyais emporté par une fatalité

d'organisation, je devais séparer ma
destinée de la sienne, ou sacrifier
plus que je n'avais encore fait,
c'est-à-dire ma dignité vis-à-vis de
mes enfants, ou ma vie, à laquelle
je ne tenais pas beaucoup, mais
que je leur devais également.

Dès le matin, M. Dudevant alla
à la Châtre. Il n'était plus sédentaire comme il avait été longtemps.
Il s'absentait des journées, des semaines entières. Il n'aurait pas dû
trouver mauvais qu'au moins, pendant les vacances de Maurice, je
fusse là pour garder la maison et
les enfants. Je sus par les domestiques que rien n'était changé dans

ses projets; il devait partir le jour
suivant, le 21, pour Paris et reconduire Maurice au collége, Solange à sa pension. Cela avait été
convenu; je devais les rejoindre au
bout de quelques jours; mais les
nouvelles circonstances me firent
changer de résolution. Je décidai
que je ne reverrais mon mari ni
à Paris ni à Nohant, et que je
ne l'y reverrais pas même avant
son départ. Je serais sortie de la
maison tout à fait si je n'eusse pas
voulu passer avec Maurice le dernier jour de ses vacances. Je pris
un petit cheval et un mauvais cabriolet, il n'y avait pas de domestique à mes ordres; je mis mes
deux enfants dans ce modeste vé-

hicule, et je les menai dans le bois
de Vavray, un endroit charmant
alors, d'où, assis sur la mousse, à
l'ombre des vieux chênes, on embrassait de l'œil les horizons mé-
lancoliques et profonds de la val-
lée Noire.

Il faisait un temps superbe. Maurice m'avait aidée à dételer le petit
cheval qui paissait à côté de nous. Un
doux soleil d'automne faisait resplen-
dir les bruyères. Armés de couteaux
et de paniers, nous faisions une ré-
colte de mousses et de jungerman-
nes que le Malgache m'avait demandé de prendre là, au hasard,
pour sa collection, n'ayant pas, lui,

m'écrivait-il, le temps d'aller si loin
pour explorer la localité.

Nous prenions donc de tout sans
choisir, et mes enfants, l'un qui
n'avait pas vu passer la tempête
domestique de la veille, l'autre qui,
grâce à l'insouciance de son âge,
l'avait déjà oubliée, couraient,
criaient et riaient à travers le tail-
lis. C'était une gaîté, une joie, une
ardeur de recherches qui me rappelait le temps heureux où j'avais
couru ainsi à côté de ma mère
pour l'embellissement de nos petites
grottes. Hélas! vingt ans plus tard,
j'ai eu à mes côtés un autre enfant rayonnant de force, de bonheur et de beauté, bondissant sur

la mousse des bois et la ramassant
dans les plis de sa robe comme
avait fait sa mère, comme j'avais
fait moi-même, ' dans les mêmes
lieux, dans les mêmes jeux, dans
les mêmes rêves d'or et de fées!
Et cet enfant-là repose à présent
entre ma grand'mère et mon père!
Aussi j'ai peine à écrire en cet instant, et le souvenir de ce triple
passé sans lendemain m'oppresse et
m'étouffe[1]!

Nous avions emporté un petit
panier pour goûter sous l'ombrage.
Nous ne rentrâmes qu'à la nuit.
Le lendemain, les enfants partirent

[1] Juin 1855.

avec M. Dudevant, qui avait passé
la nuit à la Châtre et qui ne demanda pas à me voir.

J'étais décidée à n'avoir plus aucune explication avec lui; mais je
ne savais pas encore par quel
moyen j'éviterais cette inévitable nécessité domestique. Mon ami d'enfance Gustave Papet vint me voir;
je lui racontai l'aventure, et nous
partîmes ensemble pour Château-
roux.

« Je ne vois de remède absolu à
cette situation, me dit Rollinat,
qu'une séparation par jugement.
L'issue ne m'en paraît pas dou-
teuse; reste à savoir si tu en auras

le courage. Les formes judiciaires
sont brutales, et, faible comme je
te connais, tu reculeras devant la
nécessité de blesser et d'offenser ton
adversaire. » Je lui demandai s'il n'y
avait pas moyen d'éviter le scandale des débats; je me fis expliquer
la marche à suivre, et quand il
l'eut fait, nous reconnûmes que,
mon mari laissant prendre un jugement par défaut, sans plaidoiries
et sans publicité, la position qu'il
avait réglée lui-même, par contrat
volontaire, resterait la même pour
lui, puisque telle était mon intention, avec cet avantage essentiel
pour moi de rendre la convention
légale, c'est-à-dire réelle.

Mais sur tout cela Rollinat voulait consulter Éverard. Nous retour-
nâmes avec lui à Nohant le jour
même, et, prenant seulement là
le temps de dîner, nous repartîmes
dans le même cabriolet, en poste,
pour Bourges.

Éverard payait sa dette à la pairie. Il était en prison. La prison
de ville est l'antique château des
ducs de Bourgogne. Dans les om-
bres de la nuit, elle avait un grand
caractère de force et de désolation.
Nous gagnâmes un des geôliers, qui
nous fit passer par une brèche et
nous conduisit dans les ténèbres,
à travers des galeries et des esca-
liers fantastiques. Il y eut un mo-

17.

ment où, entendant le pas d'un
surveillant, il me poussa dans une
porte ouverte qu'il referma sur
moi, tandis qu'il fourrait Rollinat
je ne sais où, et se présentait seul
au passage de son supérieur.

Je tirai de ma poche une des
allumettes qui me servaient pour
mes cigarettes, et je regardai où j'é-
tais. Je me trouvais dans un cachot
fort lugubre, situé au pied d'une
tourelle. A deux pas de moi, un
escalier souterrain à fleur de terre
descendait dans les profondeurs des
geôles. J'éteignis vite mon allumette,
qui pouvait me trahir, et restai im-
mobile, sachant le danger d'une

promenade à tâtons dans cette retraite de mauvaise mine.

On m'y laissa bien un quart
d'heure, qui me parut fort long.
Enfin mon homme revint me délivrer, et nous pûmes gagner l'appartement où Éverard, averti par
Gustave, nous attendait pour me
donner consultation vers deux heures du matin.

Il nous approuva d'avoir fait
cette démarche rapidement et avec
mystère. Ceux de mes amis qui
étaient dans de bons termes avec
M. Dudevant devaient l'ignorer, si
elle ne devait pas aboutir. Il écouta
le récit de toute ma vie conju-

gale, et, apprenant toutes les évo-
lutions de volonté que j'avais dû
subir, il se prononça, comme Rollinat, pour la séparation judiciaire.
Mon plan de conduite me fut tracé
après mûre délibération. Je devais
surprendre mon adversaire par une
requête au président du tribunal,
afin que, ce fait accompli, il pût
en accepter les conséquences dans
un moment où il devait mieux en
sentir la nécessité. On ne mettait
pas en doute qu'il ne les acceptât
sans discussion pour éviter d'ébrui-
ter les causes de ma détermination.
Nous comptions sans les mauvais
conseillers que M. Dudevant crut
devoir écouter dans la suite du
procès.

Je devais, pour conserver mes droits de plaignante, ne pas rentrer au domicile conjugal, et jusqu'à ce que le président du tribunal eût statué sur mon domicile temporaire, aller chez un de mes amis de la Châtre. Le plus âgé était Duteil; mais Duteil, ami de mon mari, voudrait-il me recevoir dans la circonstance? Quant à sa femme et à sa sœur, cela n'était pas douteux pour moi; quant à lui, c'était une chose à tenter.

Le geôlier vint nous avertir que le jour allait poindre et qu'il fallait sortir comme nous étions entrés, sans être vus, le règlement de la prison s'opposant à ces consulta-

tions nocturnes. La sortie se passa
sans encombre. Nous reprîmes la
poste et nous allâmes surprendre
Duteil à la Châtre. En trente heures nous avions fait cinquante-quatre
lieues dans un débris de cabriolet
tombant en ruines, et nous n'avions
pas pris un moment de repos
moral.

« Me voilà, dis-je à Duteil; je
viens demeurer chez toi, à moins
que tu ne me chasses. Je ne te
demande ni conseil ni consultation
contre M. Dudevant, qui est ton ami.
Je ne t'appellerai pas en témoi-
gnage contre lui. Je t'autoriserai,
dès que j'aurai obtenu un jugement,
à devenir le conciliateur entre nous,

c'est-à-dire à lui assurer de ma
part les meilleures conditions d'existence possibles, celles qu'il avait ré-
glées. Ton rôle, que tu peux dès
à présent lui faire connaître, est
donc honorable et facile.

» — Vous resterez chez moi, dit
Duteil avec cette spontanéité de
cœur qui le caractérisait dans les
grandes occasions. Je suis si reconnaissant de la préférence que vous
m'accordez sur vos autres amis,
que vous pouvez compter à jamais
sur moi, quoi qu'il arrive. Quant
au procès que vous voulez entamer,
laissez-moi en causer avec vous.

» — Donne-moi d'abord à dîner,

car je meurs de faim, lui répondis-je, et ensuite j'irai chercher à
Nohant mes pantoufles et mes pa-
perasses.

» — Je vous y accompagnerai,
dit-il, et nous causerons chemin
faisant. »

Le dîner m'ayant un peu remise,
je repris avec lui le vénérable cabriolet, et deux heures après nous
revenions chez lui. Il m'avait écoutée
en silence, se bornant à des questions d'un ordre plus élevé que
celle des hasards de la procédure,
et ne me disant pas trop son avis.
Enfin, dans l'allée de peupliers qui
touche à l'arrivée de la petite ville,

il se résuma ainsi : « J'ai été le
compagnon et l'hôte joyeux de votre
mari et de votre frère, mais je n'ai
jamais oublié, quand vous étiez là,
que j'étais chez vous et que je devais à votre caractère de mère de
famille un respect sans bornes. Je
vous ai cependant quelquefois as-
sommée de mon bavardage après
dîner et de mon tapage aux heures
de votre travail. Vous savez bien
que c'était comme malgré moi et
qu'une parole de reproche de vous
me dégrisait quelquefois comme par
miracle. Votre tort est de m'avoir
gâté par trop de douceur. Aussi
qu'est-il arrivé? C'est que, tout en
me sentant le camarade de votre
mari pendant douze heures de

gaieté, j'avais chaque soir une trei-
zième heure de tristesse où je me
sentais votre ami. Après ma femme
et mes enfants, vous êtes ce que
j'aime le mieux sur la terre, et si
j'hésite depuis deux heures à vous
donner raison, c'est que je redoute
pour vous les fatigues et les chagrins de la lutte que vous entamez.
Pourtant je crois qu'elle peut être
douce et se renfermer dans le petit
horizon de notre petite ville, si
Casimir écoute mes conseils. Je vois
ceux qu'il faut lui donner dans son
intérêt, et je pense maintenant pouvoir me faire fort de le persuader.
Voilà ! » — Et comme nous esca-
ladions le petit pont en dos d'âne
qui entre en ville, il allongea un

coup de fouet au cheval en disant
avec sa gaieté ranimée : « Allons !
enlevons Hermione ! »

Je m'installai donc chez lui pour
quelques semaines, sentant qu'il fallait vivre là comme dans une maison de verre, au cœur du commé-
rage de la Châtre, et faire tomber
toutes les histoires que l'on y bâtis-
sait depuis que j'existe sur l'excen-
tricité de mon caractère. Ces
histoires merveilleuses avaient pris
un bien plus bel essor depuis que
j'avais été tenter à Paris la destinée
de l'artiste. Comme je n'avais absolument rien à cacher, et que je n'ai
jamais rien posé, il m'était bien
facile de me faire connaître.

Quelques rancunes à propos de la
fameuse chanson persistèrent bien
un peu, quelques fanatiques de l'autorité maritale se roidirent bien
encore contre ma cause; mais, en
général, je vis tomber toutes les
préventions, et si j'avais eu mes
pauvres enfants avec moi, ce temps
que je passai à la Châtre eût été
un des plus agréables de ma vie.
Je luttais pour eux, je pris donc
patience. La famille de Duteil devint
vite la mienne. Sa femme, la belle
et charmante Agasta, sa belle-sœur,
l'excellente Félicie, toutes deux
pleines d'intelligence et de cœur,
furent comme mes sœurs, à moi
aussi. M. et madame Desages (cette
dernière était la propre sœur de

Duteil) demeuraient dans la même maison, au rez-de-chaussée. Nous étions réunis tous les soirs quatorze, dont sept enfants [1]. Charles et Eugénie Duvernet, Alphonse et Laure Fleury, Planet, désormais fixé à la Châtre, Gustave Papet quand il quittait Paris, et quelques autres personnes de la famille Duteil, venaient se joindre à nous fort souvent, et nous organisions pour les enfants des charades en action, des travestissements, des danses et des jeux bien véritablement innocents, qui leur mettaient l'âme en joie. C'est si bon, le rire inextinguible

---

[1] Un de ces enfants, Luc Desages, est devenu le disciple et le gendre de Pierre Leroux.

de ces heureuses créatures! Ils met-
tent tant d'ardeur et de bonne foi
dans les émotions du jeu! Je rede-
venais encore une fois enfant moi-
même, *traînant tous leurs cœurs après
moi.* Ah! oui, c'était là mon empire
et ma vocation, j'aurais dû être
bonne d'enfants ou maîtresse d'école.

A dix heures la marmaille allait
se coucher, à onze heures le reste
de la famille se séparait. Félicie,
bonne pour moi comme un ange,
me préparait ma table de travail et
mon petit souper; elle couchait sa
sœur Agasta, qui était atteinte d'une
maladie de nerfs fort grave et qui,
après s'être ranimée à la gaîté des
enfants, retombait souvent accablée

et comme mourante. Nous causions
un peu avec elle pour l'endormir,
ou, quand elle dormait d'elle-même,
avec Duteil et Planet, qui aimaient
à babiller et qu'il nous fallait ren-
voyer pour les empêcher de me
prendre ma veillée. A minuit, je
me mettais enfin à écrire jusqu'au
jour, bercée quelquefois par d'étran-
ges rugissements.

Vis-à-vis de mes fenêtres, dans
la rue étroite, montueuse et mal-
propre, flottait, de temps immémo-
rial, l'enseigne classique : *A la boutaille*. Duteil, qui prétendait avoir
appris à lire sur cette enseigne,
disait que le jour où cette faute
d'orthographe serait corrigée, il

n'aurait plus qu'à mourir, parce
que toute la physionomie du Berry
serait changée.

L'auberge de la *Boutaille* était te-
nue par une vieille sibylle qui lo-
geait à la nuit, et ce taudis était
principalement affecté aux bateleurs
ambulants, aux petits colporteurs
suspects et aux montreurs d'animaux savants. Les marmottes, les
chiens chorégraphes, les singes pe-
lés et surtout les ours muselés te-
naient cour plénière dans des caves
dont les soupiraux donnaient sur la
rue. Ces pauvres bêtes, harassées
de la fatigue du voyage et rouées
des coups inséparables de toute éducation classique, vivaient là en bonne

intelligence une partie de la nuit;
mais, aux approches du jour, la
faim ou l'ennui se faisant sentir, on
commençait à s'agiter, à s'injurier
et à grimper aux barreaux du sou-
pirail pour gémir, grimacer ou mau-
gréer de la façon la plus lugubre.

C'était le prélude de scènes très-
curieuses et que je me suis souvent
divertie à surveiller à travers la
fente de ma jalousie. L'hôtesse de
la *Bouteille*, madame Gaudron, sachant très-bien à quelles gens elle
avait affaire, se levait la première
et très-mystérieusement pour surveiller le départ de ses hôtes. De
leur côté, ceux-ci, préméditant de
partir sans payer, faisaient leurs

préparatifs à tâtons, et l'un d'eux,
descendant auprès des bêtes, les ex-
citait pour les faire gronder, afin
de couvrir le bruit furtif de la fuite
des camarades.

L'adresse et la ruse de ces bohémiens étaient merveilleuses; je ne
sais par quels trous de la serrure ils
s'évadaient, mais en dépit de l'œil
attentif et de l'oreille fine de la
vieille, elle se trouvait très-souvent
en présence d'un gamin pleurard
qui se disait abandonné avec les
animaux par ses compagnons déna-
turés et dans l'impossibilité de payer
la dépense. Que faire? Mettre ce
bétail en fourrière et le nourrir
jusqu'à ce que la police eût rattrapé

les délinquants? C'était là une mauvaise créance, et il fallait bien laisser partir la feinte victime avec les
quadrupèdes affamés et menaçants,
qui paraissaient peu disposés à se
laisser appréhender au corps.

Quand la bande payait honnête-
ment son écot, la vieille avait un
autre souci. Elle redoutait surtout
ceux qui se conduisaient en gen-
tilshommes et dédaignaient de mar-
chander. Elle furetait alors autour
de leurs paquets avec angoisse,
comptait et recomptait ses couverts
d'étain et ses guenilles. Le bât de
l'âne, quand il y avait un âne,
était surtout l'objet de son anxiété.
Elle trouvait mille prétextes pour

retenir cet âne, et au dernier moment elle passait adroitement ses
mains sous le bât pour lui palper
l'échine. Mais, en dépit de toutes
ces précautions et de toutes ces
alarmes, il se passait peu de jours
sans qu'on l'entendît geindre sur ses
pertes et maudire sa clientèle.

Quels beaux *Decamps*, quels fantastiques *Callot* j'ai vus là, aux rayons
blafards de la lune ou aux pâles
lueurs de l'aube d'hiver, quand la
bise faisait claqueter l'enseigne sé-
culaire, et que les bohémiens, blê-
mes comme des spectres, se mettaient en marche sur le pavé cou-
vert de neige! Tantôt c'était une
femme bronzée, pittoresque sous ses

guenilles sombres, portant dans ses
bras un pauvre bel enfant rose,
volé ou acheté sur les chemins;
tantôt c'était le petit Savoyard beaucoup plus laid que son singe, et
tantôt l'Hercule de carrefour traînant dans une espèce de brouette
sa femme et sa nombreuse progé-
niture. Il y avait de ces êtres ef-
frayants ou hideux, et pourtant, par
hasard, il s'y détachait quelquefois
des figures plus intéressantes, des
paillasses tristes et résignés comme
celui qu'a idéalisé Frédérick-Lemaî-
tre, de vieux artistes mendiants ra-
clant du violon avec une sorte de
maestria désordonnée, des petites
filles gymnastes exténuées et livides,
riant et chantant le printemps et

l'amour au bras de leurs amoureux
de quinze ans. Que de misère, que
d'insouciance, que de larmes ou de
chansons sur ces chemins poudreux
ou glacés qui ne mènent pas même
à l'hôpital!

Le 16 février 1836, le tribunal
rendit un jugement de séparation
en ma faveur. M. Dudevant y fit
défaut, ce qui nous fit croire à
tous qu'il acceptait cette solution.
Je pus aller prendre possession de
mon domicile légal à Nohant. Le
jugement me confiait la garde et
l'éducation de mon fils et de ma
fille.

Je me croyais dispensée de pous-

ser plus loin les choses. Mon mari
écrivait à Duteil de manière à me
le faire espérer. Je passai quelques
semaines à Nohant dans l'attente
de son arrivée au pays pour
notre liquidation et nos arrange-
ments. Duteil se chargeait de faire
pour moi toutes les concessions possibles, et je devais, pour éviter toute
rencontre irritante, me rendre à
Paris dès que M. Dudevant viendrait à la Châtre.

J'eus donc à Nohant quelques
beaux jours d'hiver, où je savourai
pour la première fois depuis la
mort de ma grand'mère les douceurs d'un recueillement que ne
troublait plus aucune note discor-

dante. J'avais, autant par économie
que par justice, fait maison nette
de tous les domestiques habitués à
commander à ma place. Je ne gar-
dai que le vieux jardinier de ma
grand'mère, établi avec sa femme
dans un pavillon au fond de la
cour. J'étais donc absolument seule
dans cette grande maison silen-
cieuse. Je ne recevais même pas mes
amis de la Châtre, afin de ne donner lieu à aucune amertume. Il ne
m'eût pas semblé de bon goût de
pendre sitôt la crémaillère, comme
on dit chez nous, et de paraître fêter
bruyamment ma victoire.

Ce fut donc une solitude absolue,
et, une fois dans ma vie, j'ai ha-

bité Nobant à l'état de *maison déserte.* La maison déserte a longtemps
été un de mes rêves. Jusqu'au jour
où j'ai pu goûter sans alarmes les
douceurs de la vie de famille, je
me suis bercée de l'espoir de posséder dans quelque endroit ignoré
une maison, fût-ce une ruine ou
une chaumière, où je pourrais de
temps en temps disparaître et travailler sans être distraite par le son
de la voix humaine.

Nohant fut donc en ce temps-là,
c'est-à-dire en ce moment-là, car
il fut court comme tous les pauvres petits repos de ma vie, un
idéal pour ma fantaisie. Je m'amu-
sai à le ranger, c'est-à-dire à le

déranger moi-même. Je faisais disparaître tout ce qui me rappelait
des souvenirs pénibles, et je dispo-
sais les vieux meubles comme je
les avais vus placés dans mon enfance. La femme du jardinier n'en-
trait dans la maison que pour faire
ma chambre et m'apporter mon
dîner. Quand il était enlevé, je fer-
mais toutes les portes donnant dehors et j'ouvrais toutes celles de
l'intérieur. J'allumais beaucoup de
bougies et je me promenais dans
l'enfilade de grandes pièces du rez-
de-chaussée, depuis le petit boudoir
où je couchais toujours, jusqu'au
grand salon illuminé en outre par
un grand feu. Puis j'éteignais tout,
et marchant à la seule lueur du feu

mourant dans l'âtre, je savourais
l'émotion de cette obscurité mystérieuse pleine de pensées mélancoli-
ques, après avoir ressaisi les riants
et doux souvenirs de mes jeunes
années. Je m'amusais à me faire un
peu peur en passant comme un fan-
tôme devant les glaces ternies par
le temps, et le bruit de mes pas
dans ces pièces vides et sonores
me faisait quelquefois tressaillir,
comme si l'ombre de Deschartres
se fût glissée derrière moi.

J'allai à Paris au mois de mars,
à ce que je crois me rappeler.
M. Dudevant vint à la Châtre et
accepta une transaction qui lui
faisait des conditions infiniment

meilleures que le jugement pro-
noncé contre lui. Mais à peine eut-
il signé, qu'il crut devoir n'en tenir
compte et former opposition. Il s'y
prit fort mal, il était aigri par les
conseils de mon pauvre frère, qui,
mobile comme l'onde, ou plutôt
comme le vin, s'était tourné contre
ma victoire après m'avoir fourni
toutes les armes possibles pour le
combat. La belle-mère de mon
mari, madame Dudevant, faisait
pour ainsi dire à celui-ci une nécessité de poursuivre la lutte. Il se
trouvait qu'elle me détestait affreusement sans que j'aie jamais su
pourquoi. Peut-être éprouvait-elle, à
la veille de sa mort, ce besoin de
détester quelqu'un qui, le jour de

sa mort, devint un besoin de détester tout le monde, mon mari
tout le premier. Quoi qu'il en soit,
elle mettait alors, m'a-t-on dit, pour
condition à son héritage la résistance de son beau-fils à toute con-
ciliation avec moi.

Mon mari, je le répète, s'y prit
mal. Voulant repousser la séparation, il imagina de présenter au
tribunal une requête dictée, on eût
pu dire rédigée par deux servantes
que j'avais chassées, et qu'un célèbre avocat ne le détourna pas de
prendre pour auxiliaires. Les conseils de cet avocat sont quelquefois
funestes. Un fait récent, qui a pour
jamais déchiré mon âme sans profit

pour sa gloire, à lui, me l'a cruellement prouvé.

Quant à son intervention dans
mes affaires conjugales, elle ne servit qu'à rendre amère une solution
qui eût pu être calme. Elle éclaira
plus qu'il n'était besoin la conscience des juges. Ils ne comprirent
pas qu'en me supposant de si étran-
ges torts envers lui et envers moi-
même, mon mari voulût renouer
notre union. Ils trouvèrent l'injure
suffisante, et, annulant les motifs de
leur premier jugement pour vice de
forme dans la procédure, ils le re-
nouvelèrent le 11 mai 1836, absolument dans les mêmes termes.

J'étais revenue à la Châtre, chez
Duteil; j'avais fait toute la nuit des
projets et des préparatifs de départ.
Je m'étais assuré par emprunt une
somme de dix mille francs avec laquelle j'étais résolue à enlever mes
enfants et à fuir en Amérique si
la déplorable requête était prise en
considération. J'avoue maintenant,
sans scrupule, cette intention for-
melle que j'avais de résister à l'effet de la loi, et j'ose dire très-
ouvertement que celle qui règle les
séparations judiciaires est une loi
contre laquelle la conscience du
présent proteste, et une des premières sur lesquelles la sagesse de
l'avenir reviendra.

Le principal vice de cette loi,
c'est la publicité qu'elle donne aux
débats. Elle force l'un des époux,
le plus mécontent, le plus blessé
des deux, à subir une existence
impossible ou à mettre au jour les
plaies de son âme. Ne suffirait-il
pas de révéler ces plaies à des ma-
gistrats intègres, qui en garderaient
le secret, sans être forcé de pu-
blier l'égarement de celui qui les a
faites? On exige des témoins, on
fait une enquête. On rédige et on
affiche les fautes signalées. Pour
soustraire les enfants à des influences qui ne sont peut-être que pas-
sagèrement funestes, il faut qu'un
des époux laisse dans les annales
d'un greffe un monument de blâme

contre l'autre. Et ce n'est encore là
que la partie douce et voilée de
semblables luttes. Si l'adversaire fait
résistance, il faut arriver à l'éclat
des plaidoiries et au scandale des
journaux. Ainsi une femme timide
ou généreuse devra renoncer à respecter son mari ou à préserver ses
enfants. Un de ses devoirs sera en
opposition avec l'autre. Dira-t-on
que, si l'amour maternel ne l'em-
porte pas, elle aura sacrifié l'avenir
des enfants à la morale publique,
à la sainteté de la famille? Ce serait un sophisme difficile à admettre, et si l'on veut que le devoir de
la mère ne soit pas plus impérieux
que celui de l'épouse, on accordera
au moins qu'il l'est tout autant.

Et si c'est l'époux qui demande
la séparation, son devoir n'est-il
pas plus effroyable encore? Une
femme peut articuler des causes
d'incompatibilité suffisantes pour
rompre le lien sans être déshono-
rantes pour l'homme dont elle porte
le nom. Ainsi qu'elle allègue la vie
bruyante, les emportements et les
amours de son mari dans le domicile conjugal, c'est trop exiger d'elle
sans doute pour la délivrer des
malheurs qu'entraînent ces infrac-
tions à la règle; mais enfin ce ne
sont pas là des souillures dont un
homme ne puisse se laver dans l'o-
pinion. Il y a plus; dans notre société, dans nos préjugés et dans nos
mœurs, plus un homme est signalé

pour avoir eu des bonnes fortu-
nes, plus le sourire des assistants le
complimente. En province surtout,
quiconque a beaucoup fêté la table
et l'amour passe pour un *joyeux
compère*, et tout est dit. On le
blâme un peu de n'avoir pas mé-
nagé la fierté de sa femme légitime, on convient qu'il a eu tort de
s'emporter contre elle, mais enfin,
faire acte d'autorité absolue dans la
maison est le droit du mari, et
pour peu qu'il y eût mis des formes, tout son sexe lui eût donné
raison plus ou moins; et, en fait,
il peut avoir subi les entraînements
de certaines intempérances, et n'en
être pas moins un galant homme
à tous autres égards.

Telle n'est pas la position de la
femme accusée d'adultère. On n'at-
tribue à la femme qu'un seul genre
d'honneur. Infidèle à son mari, elle
est flétrie et avilie, elle est désho-
norée aux yeux de ses enfants, elle
est passible d'une peine infamante,
la prison. Voilà ce qu'un mari ou-
tragé qui veut soustraire ses enfants
à de mauvais exemples est forcé
de faire quand il demande la séparation judiciaire. Il ne peut se
plaindre ni d'injures, ni de mauvais
traitements. Il est le plus fort, il
en a les droits, on lui rirait au
nez s'il se plaignait d'avoir été
battu. Il faut donc qu'il invoque
l'adultère et qu'il tue moralement
la femme qui porte son nom. C'est

peut-être pour lui éviter la nécessité de ce meurtre moral que la
loi lui concède le droit de meurtre
réel sur sa personne.

Quelles solutions aux malheurs
domestiques! Cela est sauvage, cela
peut tuer l'âme de l'enfant con-
damné à contempler la durée du
désaccord de ses parents ou à en
connaître l'issue.

FIN DU TOME DIX-NEUVIÈME.

TABLE

DU TOME DIX-NEUVIÈME.

CINQUIÈME PARTIE.
(*SUITE.*)

CHAPITRE SEPTIÈME.
(Suite.)

CHAPITRE HUITIÈME.

CHAPITRE NEUVIÈME.

CHAPITRE DIXIÈME.